Conceito de literatura brasileira

Dados Internacionais de Catalogação na Publicação (CIP)
(Câmara Brasileira do Livro, SP, Brasil)

Coutinho, Afrânio
  Conceito de literatura brasileira / Afrânio Coutinho. 4. ed. Petrópolis, RJ : Vozes, 2014.

  4ª reimpressão, 2024.

  ISBN 978-85-326-3652-2

  1. Literatura brasileira 2. Literatura brasileira – História e crítica I. Título.

08-01312   CDD-869.909

Índices para catálogo sistemático:

  1. Literatura brasileira : História e crítica   869.909

Afrânio Coutinho

Conceito de literatura brasileira

EDITORA
VOZES

Petrópolis

© 1980, Editora Vozes Ltda.
Rua Frei Luís, 100
25689-900 Petrópolis, RJ
www.vozes.com.br
Brasil

Todos os direitos reservados. Nenhuma parte desta obra poderá ser reproduzida ou transmitida por qualquer forma e/ou quaisquer meios (eletrônico ou mecânico, incluindo fotocópia e gravação) ou arquivada em qualquer sistema ou banco de dados sem permissão escrita da editora.

CONSELHO EDITORIAL

Diretor
Volney J. Berkenbrock

Editores
Aline dos Santos Carneiro
Edrian Josué Pasini
Marilac Loraine Oleniki
Welder Lancieri Marchini

Conselheiros
Elói Dionísio Piva
Francisco Morás
Gilberto Gonçalves Garcia
Ludovico Garmus
Teobaldo Heidemann

Secretário executivo
Leonardo A.R.T. dos Santos

PRODUÇÃO EDITORIAL

Aline L.R. de Barros
Marcelo Telles
Mirela de Oliveira
Otaviano M. Cunha
Rafael de Oliveira
Samuel Rezende
Vanessa Luz
Verônica M. Guedes

Conselho de projetos editoriais
Isabelle Theodora R.S. Martins
Luísa Ramos M. Lorenzi
Natália França
Priscilla A.F. Alves

Editoração: Maria da Conceição Borba de Sousa
Diagramação: Anthares Composição
Capa: WM design

ISBN 978-85-326-3652-2

Este livro foi composto e impresso pela Editora Vozes Ltda.

Sumário

Apresentação (Eduardo F. Coutinho), 7

Prefácio, 11

Conceito de literatura brasileira, 13

Teoria da história literária brasileira, 13

Literatura colonial, 18

A periodização literária, 25

Instinto de nacionalidade, 35

Formação da literatura brasileira, 48

A literatura como fator da nacionalização brasileira, 67

O Rio de Janeiro e a unidade da literatura, 90

Afrânio Coutinho, 109

Biografia, 109

Obras, 110

Publicadas, 110 • Dirigidas ou editadas, 111

Apresentação

Eduardo F. Coutinho

Este livro, que ora se reedita pela Vozes, *Conceito de literatura brasileira* (1980), constitui uma obra seminal e ainda bastante atual da crítica literária brasileira, não só pelo conhecimento que revela do que se produziu no Brasil desde o princípio da colonização, como pela tese que apresenta de que essa produção sempre esteve marcada pela busca de definição de algo próprio que pudesse configurar sua diferença com relação à literatura da metrópole. O livro se compõe de ensaios, escritos em momentos distintos da carreira intelectual do autor, mas que apresentam um forte denominador comum – a preocupação com esse elemento diferenciador que o autor designou à época de "nacionalismo literário brasileiro".

Partindo da ideia de que existe uma constante na evolução do pensamento brasileiro desde a era colonial – uma progressiva busca de identidade nacional – e de que a literatura desempenhou nesse sentido um papel fundamental, o autor combate a historiografia literária lusa que considerava a literatura produzida no Brasil no Período Colonial como ramo da portuguesa, e procura mostrar como desde Anchieta, passando por figuras como Vieira e principalmente Gregório de Matos, essa produção já apresentava não só traços que a distinguiam da literatura da metrópole, como sobretudo uma preocupação em marcar a sua singularidade, que se evidenciava pela presença significativa de elementos barrocos, estilo que não chegou a encontrar expressão relevante em Portugal. O barroco teria chegado ao Brasil possivelmente por influência espanhola, mas no contato com o novo contexto transculturou-se de tal modo que veio a dar expressões únicas, representadas por obras como a dos autores citados ou como a de um Aleijadinho, no campo das artes plásticas.

Esses traços de singularidade da produção literária no Brasil levam o autor a outra tese, presente já em várias de suas obras, dentre as quais *Introdução à literatura no Brasil* (1959), de que a periodização em literatura não deve obedecer a critérios de ordem política, calcados em dicotomias como colonial *versus* nacional, mas antes em critérios estéticos ou estilísticos, que visem a uma filosofia da história literária brasileira. Assim, deixa de lado a designação de *literatura colonial*, que englobava um vasto período de três séculos e não estabelecia distinções entre, por exemplo, a produção dos autores mencionados e a posterior dos que formaram a chamada *Escola de Minas*, e afirma que a crítica literária de cunho estético já possui hoje um termo para designar a produção literária daquele período inicial – o termo barroco. Para ele, a produção dos autores desse período não era menos brasileira do que a que veio à tona no período posterior à Independência política, e, para comprovar sua tese, chama atenção para o veio satírico, marcadamente antilusitano, da obra de Gregório de Matos.

Na mesma linha de pensamento, mas agora voltado para um período posterior, o século XIX, o autor dedica ampla reflexão àqueles que, segundo ele, "sentiram a diferença" entre a produção literária realizada no Brasil e a de Portugal, destacando, em especial, no período romântico, a figura de José de Alencar, que sempre se caracterizou pela defesa de uma literatura própria, a ponto de ter sido considerado o "patriarca da literatura brasileira", e, no período realista, Machado de Assis, com o seu *instinto de nacionalidade*, que dá título inclusive a um dos ensaios do livro. Em Machado, segundo o autor, verifica-se uma consciência íntima e profunda entre o labor literário e o sentido da evolução política e social do Brasil, e ninguém melhor do que ele, em pleno século XIX, conciliou uma preocupação nacionalista com o interesse pela cultura universal, deixando claro que uma coisa não era oposta à outra, mas antes complementavam-se.

O último ensaio do livro, embora ainda traga como tese a questão da busca de identidade da literatura brasileira, difere um pouco dos demais por ter como eixo o papel articulador que a cidade do Rio de Janeiro desempenhou para o panorama da cultura, e, mais especificamente, da literatura no Brasil. Partindo de uma reflexão sobre as forças agregadoras que certos centros culturais exerceram na formação da nação a que se achavam vinculados, como é o caso de Paris, na era moderna, ou de certas cidades da Antiguidade, como Atenas e Roma, o autor nos oferece um estudo sólido e erudito sobre a vida cultural do Rio de Janeiro da segunda metade do século XVIII, quando se tornou a capital política do país, a meados do século XX, destacando a virada do século XIX para o XX quando a cidade se consolidou como capital intelectual, artística e literária do país. Por essa época, a cidade exerceu o papel de poderosa bomba de sucção, aspirando, nas palavras do autor, "de todos os recantos do país as energias de vida, os valores diferenciados, as forças vivas, as características locais, misturando-os, amalgamando-os, fundindo-os no seu laboratório de química social e cultural, para extrair a essência que inspira e integra o conjunto". E não foi apenas como assunto que o Rio de Janeiro entrou para a literatura brasileira. Mais do que isso, destaque-se seu poder centralizador, que reuniu para o quadro da literatura brasileira todas as forças oriundas das diversas regiões do país.

Com a reedição dos ensaios enfeixados no livro em questão, cuja autoria de Afrânio Coutinho já constitui seu maior aval –

trata-se de um dos mais renomados críticos e historiadores literários brasileiros do século XX –, a Editora Vozes está não só colaborando, de maneira decisiva, para o registro da memória nacional e para a consolidação de uma tradição crítica já bastante rica, mas que necessita ser sempre lembrada num país em que a memória histórica é frequentemente relegada a plano secundário, como também prestando preciosa contribuição para os estudos da literatura e da crítica literária brasileira.

Prefácio

Obedecendo à mesma ordem de ideias do livro anteriormente publicado e há muito esgotado, *Conceito de literatura brasileira* é reeditado agora com novos ensaios, constituindo como que uma filosofia da história literária brasileira.

A preocupação desse escrito é o nacionalismo literário brasileiro, a busca de uma definição do brasileiro e do caráter nacional. Ela se encontra em outros trabalhos do autor: *Introdução à literatura no Brasil* (1959), *A polêmica Alencar-Nabuco* (1965), *A tradição afortunada* (1968) e *Caminhos do pensamento crítico* (1974).

Desde Anchieta, a literatura que se produziu no Brasil é perfeitamente diferenciada, não só denotando um caráter nacional, como contribuindo para cada vez mais afirmar esse caráter. É, a um tempo, evidência e fator desse espírito nacionalizante.

Os ensaios foram conservados na feição original, feitos apenas retoques de estilo ou correções tipográficas. Desta maneira, escritos em épocas diversas sobre um assunto comum, é natural que apresentem repetições. Não importa, a repetição ainda é a melhor figura de retórica.

Afrânio Coutinho

Conceito de literatura brasileira

Para Leonídio Ribeiro, amizade ganha através de dois grandes amigos, Levi Carneiro e Afrânio Peixoto, e a quem devo a oportunidade da realização de A *literatura no Brasil*.

Teoria da história literária brasileira

O estudo das teorias acerca da história da literatura brasileira tem que considerar antes de tudo o problema da interpretação do que seja literatura brasileira e de quando ela começou. A teoria que dominou muito tempo não separava, na fase colonial de nossa civilização, as duas produções do Brasil e Portugal, considerando-as em bloco, como se fossem uma só. Os historiadores portugueses eram useiros nessa estratégia, e é claro que situados na perspectiva colonialista e imperial, segundo a qual era português tudo o que se fez no âmbito do mundo de fala portuguesa. E, então, costumavam abrir pequenos capítulos, em meio ao todo geral da literatura lusa, para tratar dos "casos" brasileiros. Graças a essa técnica, o Padre Vieira sempre foi incorporado à literatura portuguesa, com desprezo da realidade brasileira de sua obra e personalidade, o que tem obrigado algumas corajosas reivindicações do lado brasileiro quanto à sua posição no quadro das letras brasileiras.

Tal perspectiva acostumou uns e outros a encarar o passado literário português como comum a Brasil e Portugal. Eram os chamados "clássicos" luso-brasileiros, patrimônio de uma cultura comum, vazada numa mesma língua.

Verdade é que sempre houve os que sentiram a linha diferenciadora brasileira desde muito cedo. Os românticos, mormente Alencar no que concerne à tomada de consciência doutrinária do problema, procuraram enxergar o divisor de águas, e pode-se dizer que esse problema é uma constante da crítica e teoria literária romântica. Mas tarde, Araripe Júnior fez dele uma de suas preocupações maiores, estabelecendo a investigação do traço nativista como um critério da historiografia literária brasileira. Seus companheiros da crítica realista, Sílvio Romero e José Veríssimo, também se distinguiram pelo apreço ao critério nacionalista na avaliação da literatura brasileira.

Todavia, do lado português, a literatura da época colonial era considerada como um trecho da literatura portuguesa produzida na colônia brasileira. Carecia de individualidade própria, já que lhes escapava aos portugueses a substância da revolução que se viera operando na mesma colônia, na mente dos homens que para aqui se transferiram ou aqui nasceram. Revolução tão importante que, desde o primeiro momento, havia transformado a mentalidade dos habitantes, através de mudança da sensibilidade, das motivações, interesses, reações, maneiras de ser e agir novas, tudo provocado pela nova situação histórica e geográfica. Araripe Júnior, por exemplo, criou uma teoria para explicar o fenômeno da diferenciação. Foi o que ele designou de modo original como o princípio da "obnubilação", que procurou aplicar ao estudo da formação do caráter brasileiro e da literatura brasileira, lei que, segundo ele, foi bastante forte e atuante nos dois primeiros séculos. Os colonos, à medida que se afastavam da costa e pequenos povoados, regrediam à condição primitiva, esquecendo o estado de civilizados, a fim de adaptar-se ao meio e de habilitar-se à luta com os silvícolas. Esse processo não podia deixar de modificar profundamente o homem criando um novo homem, sob todos os aspectos. Como considerá-lo, pois, um simples continuador do europeu? Não; como afirmou Ortega y Gasset, um homem novo criou-se desde o primeiro instante em que pôs o pé no novo mundo. Foi o americano, o brasileiro. A sua fala, sua sensibilidade, suas emoções, sua poesia, sua música, tinham de ser, e foram, diferentes, diferenciados desde o início. Nada tem de comum com o que se produziu na Europa. Desde o primeiro século, máxime no segundo, falava-se, sentia-se, cantava-se no Brasil de maneira diferente. Não são uma só literatura, a brasileira e a portuguesa, desde o século XVII. Nossos escritores são poucos, mas são nossos, diversos dos portugueses. Os clássicos portugueses podem ser clássicos, nem todos os que assim se consideram o são, mas não são nossos clássicos. São clássicos portugueses que podem prestar-nos benefícios, como fertilizantes, do mesmo modo que os clássicos de qualquer outra literatura, desde os greco-romanos. (Diga-se de passagem que o conceito de clássico, tão pouco rigoroso, é tomado aqui no sentido apenas de autor modelar, para ser estudado em "classe", tal como foi entendido no Renascimento.)

Não há maior evidência dessa necessária distinção, malgrado a reação de certos defensores de uma falsa unidade cultural, do que o abismo da língua. A aparência é de identidade entre o que se escreve além e aquém do Atlântico. De fato, a filologia tem razão quando não enxerga nenhuma violentação à estrutura tradicional no português que no Brasil se fala e escreve. Coloque-se, porém, lado a lado uma página de José Lins do Rego e outra de um romancista moderno de Portugal, e ninguém hesitará em assinalar a diferença. E a língua de José Lins é a língua do Brasil, como a de Jorge Amado ou

Raquel de Queiroz, que nenhum brasileiro titubeará em reconhecer como sua, e que, ao contrário, o português sente necessidade de "traduzir" para compreender, como nós o temos para sentir certas páginas de escritores portugueses. Não é somente um problema de vocabulário. É, sobretudo, uma questão de torneio de frase, revelador de tendências expressionais peculiares, de acordo com uma sensibilidade e psicologia desenvolvida no curso dos embates da história através da formação de uma nova civilização.

Não há nessa formulação do problema qualquer intenção valorativa. A autonomia da literatura brasileira, o reconhecimento de sua remota origem diferenciadora, não implicam nenhum juízo de valor depreciativo à literatura portuguesa. O espírito brasileiro quer viver livre, independente, e a primeira noção a fixar é a das fronteiras dentro das quais lhe é lícito mover-se, respeitadas as suas características, como deseja respeitar as dos que estiverem situados além das fronteiras. Tampouco essa independência importa em desprezo da cooperação, desconhecimento da continuidade de problemas, repúdio à fertilização recíproca. Essa é a norma que regula os contatos entre as culturas, quer expressas quer não no mesmo idioma. E a igualdade de língua não é razão para não se considerarem distintas as duas literaturas: brasileira e portuguesa.

Assim, nada mais falso do que considerar unidas as literaturas portuguesa e brasileira. Em verdade, a nossa literatura está tão distanciada e diferenciada da portuguesa quanto de qualquer outra europeia. Não há problemas comuns. A língua que as exprime, sendo a mesma, a sua evolução no Brasil tomou tais rumos divergentes que está a exigir, como quer Wilson Martins, a passagem "da filologia portuguesa para a linguística brasileira", tantas são as questões que assoberbam e desafiam o estudioso da nossa fala, expressão de um estado social e psicológico profundamente peculiar.

Desde Gregório de Matos, a literatura que se produziu no Brasil é diferente da portuguesa. E se a mão forte do colonizador não deu tréguas no afã de sufocar o espírito nativista, fosse no plano político, econômico ou cultural, a tendência nacionalizante e diferenciadora, surgida com o primeiro homem que aqui assentou pé, mudando de mentalidade, interesses, sentimentos, não cedeu o passo, caminhando firme no desenvolvimento de um país novo, em outra área geográfica e com outra situação histórica. O espírito colonial não esmoreceu até depois da República, pois só a mudança do regime consolidaria definitivamente a vitória contra o colonialismo luso, vitória que havia sido quase obtida com a Regência. Mas, a despeito do estado de sítio financeiro em que, como muito bem disse Araripe Júnior, ainda se mantinham as consciências, foi a proclamação da República a libertação brasileira do jugo português. No campo intelectual, o domínio fazia-se sentir através da influência exercida pelo grupo de escritores portugueses mais em voga, que enchiam, quase exclusivamente, a imprensa controlada. Basta examinar os jornais da época, para ver-se quão maciça era a pressão da inteligência portuguesa sobre a vida intelectual do Brasil, estado que se prolongou, mesmo depois da República, até os primeiros anos do século XX. Não esquecer, ainda, o controle através das editoras, para sentir-se esse grau de dependência. O exemplo dos estudos de linguagem é típico: enquanto os nossos estudiosos do fenômeno da língua no Brasil – um Batista Caetano, um Macedo Soares, e outros – se orientavam no sentido brasileiro, mas viviam postos à margem, a corrente lusófila historicista, arcaizante, fazia-se sentir *urbi et orbi* pela pena de um pseudofilólogo, Cândido de Figueiredo, cuja influência foi tão grande que orientou meio mundo repercutindo até na discussão Rui-Carneiro. Esta, por sua vez, foi o marco final do lusofilismo em linguagem, o último obstáculo à evolução normal da fala brasileira, que, no século XIX, já lograra atingir o estágio de autoconsciência.

Hoje, ninguém pensa mais nisso, porque não há mais cabimento debater um assunto que não existe. O problema desapareceu. Já não reagimos contra Portugal. Apenas, simplesmente, com tranquila consciência de povo maduro, que atingiu a maioridade, que tomou posse de si mesmo, afirmamo-nos. A República, com a sua "capacidade de criar Brasil, dentro do Brasil", como assinalou Gilberto Amado, clareou a nossa consciência de ser brasileiros, fez-nos captar a resposta autodefinidora, depois de um século de perguntas e pesquisas sobre o que era ser brasileiro, e quais as características da nacionalidade e da literatura nacional. Essa atitude de saúde espiritual faz com que não mais alimentemos qualquer sorte de complexos de inferioridade em relação a Portugal, nem tampouco nenhum intuito jacobinista. Simplesmente, repelimos a tutoria, não admitimos já agora que mentores falsos e anacrônicos, ainda presos ao complexo colonial, venham-nos dizer o que devemos fazer. Isso é problema nosso, pois os nossos são diferentes dos de Portugal, malgrado as loas a uma comunidade cultural e a uma unidade linguística desmentidas pela realidade histórica e social. E se há algo a aprender na literatura lusa, como em qualquer literatura estrangeira, nosso patrimônio literário já é capaz de também fecundar a literatura portuguesa. Essa é a lição dos fatos nos últimos trinta anos[1].

Literatura colonial

Ao historiador literário, o problema da origem e definição da literatura brasileira se impõe como o problema central de natureza

---

[1] Cf. sobre esses problemas gerais e conceituais na literatura brasileira: COUTINHO, Afrânio. *Introdução à literatura no Brasil*. Rio de Janeiro: São José, 1959 [Introdução geral].

conceitual, sem cuja adequada formulação e compreensão tudo o mais decorre em termos errôneos. Que é a literatura brasileira? Quando começou? Não se diga que não tem sido abordado. A maioria dos nossos historiadores o tem encarado, dando-lhes soluções de acordo com a visão que tinham da nossa história e do fenômeno literário.

Por não terem entendido a literatura senão como um epifenômeno da vida social e política, ligaram a origem da literatura brasileira à autonomia política, e dela decorrente. A verdadeira literatura no Brasil só teria existido após a independência, e dessa ou daquela maneira os historiadores coincidiam em admitir uma divisão em dois grandes períodos, o colonial e o nacional, ou a literatura colonial e autonômica.

Que é literatura colonial? Há que confessar tratar-se de um conceito absurdo, sem sentido. Literariamente, do ponto de vista estrito da crítica literária, não pode haver literatura colonial, se quer definir com isso a literatura produzida numa colônia ou povo colonizado, colonial. A literatura criada nessa situação pode ser inferior, da perspectiva da crítica literária, mas não colonial, isto é, não se produz segundo o mesmo processo pelo qual o povo colonizador exerce a colonização do povo colonizado. Ela será uma literatura boa ou má, porém não se pode caracterizá-la por formas ou gêneros "coloniais". Esse é um critério estranho à literatura, um critério puramente político, abusivamente aplicado à literatura por quem, não acreditando, no fundo, na literatura, submete-a ao fenômeno político ou social ou econômico.

Gregório de Matos é um poeta classificado pela historiografia tradicional na fase colonial de nossa literatura. Por quê? Quais as razões científicas que abonam semelhante definição?

Examinando e conhecendo o seu caso, não se encontra qualquer justificativa convincente em favor dela. A única defesa está no fato de que ele pertence a uma época em que o Brasil era uma colônia de Portugal. Que é uma literatura? Quais os seus elementos constitutivos? A língua autônoma só não basta, pois há várias literaturas independentes expressas na mesma língua. Mais importante que a língua é o uso que dela se faz, é a fala que ela produz. A existência de um mesmo idioma, embora sejam cada vez mais radicais e crescentes as divergências entre os falares português e brasileiro, não impediu a diversificação literária, desde cedo, entre Brasil e Portugal.

Mais do que a língua, simples instrumento, o que importa à definição, à caracterização de uma literatura, é a experiência humana que ela transmite, é o sentimento, é a visão da realidade, tudo aquilo de que a literatura não é mais do que a transfiguração, mercê de artifícios artísticos. E quando essa realidade, essa experiência, esse sentimento são novos, a literatura que os exprime tem que ser nova, outra, diferente.

Foi o que ocorreu com a brasileira. Havia uma "situação" nova criada pelo fato histórico do descobrimento, continuado e completado pela colonização. Nasceu um homem novo, insista-se, deu-se isso desde o primeiro instante em que o europeu aqui pôs o pé, como disse Ortega y Gasset, teoria aliás já antes formulada em outros termos por Araripe Júnior, com a sua tese da "obnubilação brasílica". Aqui chegado, em contato com a nova realidade, o europeu "esqueceu" a situação antiga, e, ajustando-se à nova, ressuscitou como outro homem, a que vieram agregar-se outros homens novos aqui nascidos e criados. Esse homem novo, americano, brasileiro, gerado pelo vasto e profundo processo aqui desenvolvido de miscigenação e aculturação, não podia exprimir-se com a mesma linguagem do europeu, por isso transformou-a, adaptou-a, condicionou-a às novas necessidades expressionais, do mesmo modo que se adaptou às novas condições geográficas, culinárias, ecológicas, às novas relações humanas e animais, do mesmo modo que adaptou seu paladar às novas frutas, criando, em consequência, novos sentimentos, atitudes, afetos, ódios, medos, motivos de comportamento, de luta, alegria e tristeza.

Todo esse complexo cultural novo tinha que dar lugar a uma nova arte, a uma nova poesia, a uma nova literatura, a uma nova dança, a um novo canto, a novas lendas e mitos populares. É o que já encontramos em Gregório de Matos, como está em Anchieta. Não importa a origem de quem interpretou a nova literatura. O que vale é a sua integração nas condições sentimentais, psicológicas, anímicas, paisagísticas, geradas pela nova situação histórico-geográfica. Por isso, Vieira é brasileiro mais que português. Por isso Gonçalves Crespo pertence à literatura portuguesa a despeito do lugar do nascimento.

Sem embargo de sua dependência política a Portugal, o Brasil, como país, começou com os primeiros passos de colonização e foi feito pelos "brasileiros", isto é, pelos homens que, aqui nascidos ou aqui radicados, desde cedo se integraram na nova situação histórico-geográfica, e lutaram com sangue, suor e lágrimas para constituir a civilização brasileira, diferente da portuguesa, em atitudes, motivos e interesses, divergência essa maior que as semelhanças e aproximações.

E assim como o Brasil, a literatura brasileira teve início imediato pela voz de seus cantores populares através das inúmeras formas folclóricas e, em fase mais avançada, pelos seus poetas, pregadores, oradores, que plasmaram o novo instrumento verbal, para vazar o lirismo que a sua alma gerara no contato com a natureza diferente, diante da qual se punham extasiados.

Destarte, a literatura brasileira não nasceu com a independência política. A sua autonomia estética nada tem a ver com a autonomia política. Ainda hoje está em curso. Mas a sua existência própria é dos primeiros instantes, do primeiro século. Sob forma artística, já a encontramos em Anchieta, consolidada em Gregório de Matos e Antônio Vieira.

É a literatura que exprime a alma brasileira, no contato da realidade histórica, social, psicológica, humana, característica da civilização brasileira. É colocação estranha à cogitação crítica encará-la como parte colonial e parte nacional. Esses conceitos não têm validade crítica. A literatura brasileira é brasileira porque exprime a experiência brasileira, porque testemunha o homem brasileiro de todos os tempos, homem que é o mesmo, falando da mesma forma e sentindo igualmente, tanto quando era colono como quando se tornou livre. É irrisório afirmar que ela é brasileira ou nacional depois da independência política como se houvesse adquirido características novas, diferentes daquela do tempo colonial. Na verdade, o que se deu foi o natural aperfeiçoamento das formas literárias de maneira consentânea com a melhoria do homem pela educação e pela elevação das condições de vida.

Assim, a tese acerca da origem da literatura brasileira no século XVI tem como consequência imediata a necessidade de ser afastado o conceito de "literatura colonial" para definir a literatura produzida no Brasil no período anterior à independência política de 1822.

Ao afirmar que literatura colonial não existe, não se quer negar a existência da produção literária daquele período, o que seria simplesmente absurdo, pois ninguém irá, em sã razão, negar um fato concreto. O que se pretende é invalidar um conceito falso, um conceito que não pode ter aplicação à literatura, por lhe ser inadequado e estranho. Aquela produção literária surgida no período colonial do

Brasil, isto é, no período em que o Brasil era colônia de Portugal, não pode, literariamente, usando-se terminologia de cunho crítico-literário, ser denominada "colonial" porque "colonial" não existe em literatura. "Colonial" é um termo político, sem nenhuma validade nem sentido em crítica e história literária.

Uma literatura de sentido antiluso como a de Gregório de Matos, caso fôssemos adotar o critério político expresso no termo "colonial", já por si bastaria para liquidar a veleidade definitória desse termo. Se "colonial" devesse ser entendido como a literatura produzida em função dos interesses colonizantes, toda a literatura daquele tempo seria praticamente uma literatura anticolonial. As próprias academias dos séculos XVII e XVIII são "brasílicas", compostas de "esquecidos" brasileiros, que, por esquecimento ou sentimento de superioridade metropolitano, não entraram nas academias portuguesas da época. O que há de válido no arcadismo, por exemplo, deve-se indubitavelmente à inspiração brasileira. Não há em nada disso qualquer sentimento de submissão colonial: nem política, pois o pensamento de autonomia madrugou entre os colonos; nem literária, porquanto o sentimento de brasilidade desde muito cedo impregnou a boa e a má literatura que aqui se produziu.

Do ponto de vista da crítica literária não pode, pois, ter circulação um conceito como o de "literatura colonial". Traduz a aplicação de critério político à definição e à aferição de valor literário. O gênero do romance, por exemplo, não pode ser um agente colonizador de uma literatura sobre outra. O romance pode ser bom no país colonizador (político) e mau, ao mesmo tempo, no colonizado, mas isso não implica asseverar-se que o primeiro "coloniza" o segundo, do ponto de vista do gênero. Pode haver influência, inclusive entre povos politicamente estranhos, e também do povo colonizado sobre o colonizador, mas isso é outra história. Hoje, por exemplo, o romance brasileiro influi no romance português, o que não equivale a dizer-se que o coloniza.

Literariamente, o arcadismo brasileiro é superior ao português que, sem embargo, é o que produz o povo então colonizador (politicamente), o que prova a insuficiência do fator político em relação à produção literária. Portanto, por que chamar de "colonial" o arcadismo brasileiro em relação à literatura portuguesa da época, que lhe era literariamente inferior, a despeito da situação política existente entre os dois povos?

Em conclusão:

1) Colonial é conceito de cunho político, inaplicável à literatura. Deve ser abolido do vocabulário da crítica e história literária.

2) Literatura "colonial" não existe.

3) A literatura produzida no Brasil no período chamado "colonial", período de dependência do Brasil-Colônia em relação a Portugal, não deve, assim, ser denominada "colonial".

4) Para defini-la, a moderna periodização estilística oferece solução: ela é a expressão dos estilos barroco, arcádico e neoclássico, esses diversos estilos se entrecruzando, superpondo ou sucedendo através dos séculos XVII a XIX.

5) Essa revisão conceitual tem como consequência o recuo do marco original da literatura brasileira. A velha divisão entre literatura colonial e nacional fica superada, assim como a teoria que colocava o início da literatura brasileira no momento da independência (nacional). A literatura brasileira iniciou-se no momento em que começou o Brasil. É "brasileira", desde o primeiro instante, tal como foi "brasileiro" o homem que aqui se formou desde que o europeu aqui se implantou. Uma literatura não é "colonial" só porque se produz numa colônia e não se torna "nacional" apenas depois da independência da nação.

Assim, a literatura brasileira primitiva não é "colonial", mas "brasileira": barroca, arcádica ou neoclássica.

Essa compreensão da origem e natureza da literatura brasileira está intimamente relacionada com uma reconsideração do problema da periodização. A antiga periodização de cunho político cede lugar à periodização estilística, à luz da qual se encara a produção literária brasileira escalonada através de estilos artísticos – o barroco, o neoclássico, o arcádico, o romântico, etc. E a origem da literatura brasileira se efetua em pleno estilo barroco. Não é colonial. É apenas barroca. Às vezes, um mau barroco.

1959

A periodização literária

Há quem encare o problema da periodização em história literária como não tendo a menor importância, achando que ela se deve reduzir simplesmente a uma série de nomes sem qualquer significado profundo, no interesse puramente didático de oferecer uma arrumação ou ordenação correspondente aos capítulos da obra. Por isso é que muitos adotam a mera divisão cronológica, vazia de qualquer sentido definitório quanto ao que está implícito no período assim delimitado e designado. Destarte, ao denominar a literatura inglesa do século XIX época vitoriana, não levamos em consideração que esse período inclui autores literariamente tão díspares como Oscar Wilde e Carlyle, Hopkins e Macauley, Pater e Darwin, Kipling e Ruskin.

Por outro lado, substituir a periodização, sob a alegação de que não é fácil resolvê-la convenientemente, é apenas fugir ao problema. Em vez de tentar periodizar, em lugar de um sistema de periodização, procurássemos fazer antes filosofia de valores, aconselham alguns. Mas os que se colocam nessa posição não veem que isso é sair da história literária para ficar exclusivamente na crítica. Essa distinção é necessária de início para compreendermos bem o problema. Fazer valoração dos autores do passado por intermédio de ensaios críticos reunidos seguidamente, como uma antologia, não é fazer história literária. Essa exige uma filosofia do desenvolvimento literário, da evolução das formas, ela exige, em uma palavra, uma filosofia da história. Por isso é que Henri Berr e Lucien Febvre, no capítulo que dedicaram ao problema da periodização histórica *na Encyclopedia of the Social Sciences*, afirmam que "não há problema metodológico de maior importância no campo da história do que o da periodização [...] problema básico e não exterior". Tais palavras são incompatíveis com o ceticismo daqueles que julgam o problema como sem importância, não merecendo senão as soluções empíricas da divisão cronológica ou das antologias de ensaios críticos sem concatenação.

O problema é dos mais difíceis da ciência histórica. Liga-se à própria concepção da história, à filosofia da evolução humana e literária. A história não é um fluxo contínuo e caótico, sem direção e sem nexo.

Por ser difícil, o problema não pode ser descartado simplesmente. Não podemos evitá-lo. Não é solução deixar de enfrentá-lo. Esse ceticismo repugna ao espírito de rigor científico. A periodização depende da teoria da literatura, da teoria da evolução literária e da evolução humana. Os períodos não devem ser meros nomes ou etiquetas arbitrárias, nem seções de tempo puramente mecânicas ou didáticas, sem ligação com o conteúdo ou a realidade interna das épocas e as forças imanentes que as geraram e dirigiram.

Mas se a periodização não deve ser confundida com a cronologia, tampouco deve libertar-se dela de maneira total. Esse é outro equívoco em relação às tentativas de periodização estilística. O sistema periodológico de natureza estilística não pretende abolir a cronologia ou fugir dela. Apenas não aceita cronologia como critério de divisão, porquanto ela nada exprime quanto à natureza estética ou literária do período. A periodização estilística aceita a cronologia como marco secundário de referência histórica, pois a periodização estilística não foge da história. Situa-se nela. Não expulsa a cronologia pela porta, não tendo ela, pois, que, em vingança, como já se disse, reentrar pela janela. Na concepção estilística, a cronologia é respeitada, apenas posta no seu lugar, que não é absoluto. O que se combate não é a cronologia, mas a tirania cronológica. O que se repele é que a divisão periódica seja baseada apenas em datas arbitrárias ou nas dos feitos políticos. Que sentido tem asseverar que um período literário começou em tal data, quando sabemos que não há começos nem fins abruptos em literatura, nem na história, nem na vida?

1959

A subordinação da historiografia literária à historiografia política tem dado lugar, até agora, a uma periodização em que não é levada em consideração a natureza peculiar do fenômeno literário. Em consequência as divisões periodológicas têm sido condicionadas às divisões da história política; assim, os períodos da história literária correspondem a grandes reinados ou deles recebem as etiquetas: Século de Luís XIV, eras elisabetiana ou vitoriana.

Ao lado dessa divisão de cunho político, há também as divisões puramente cronológicas: datas isoladas, decênios, séculos.

Na literatura portuguesa, o critério dominante tem sido invariavelmente este: as divisões têm denominações oriundas da história geral (Idade Média, Tempos Modernos), misturadas com termos provenientes da história da arte (Renascimento), com termos simplesmente numéricos (séculos XVI, XVII, XIX, Quinhentismo, Seiscentismo, etc.) e outros de sentido literário (Romantismo, Classicismo). Por outro lado, os marcos são ora o limite dos séculos, ora a morte de grandes figuras ou a publicação de obras célebres e influentes (morte de Camões, publicação de *Camões* de Garrett, etc.). Na literatura brasileira, também, as divisões tradicionais referem-se a critérios políticos e históricos, como era colonial e era nacional, com subdivisões por séculos ou decênios, ou por escolas literárias.

De modo geral, pois, é a fórmula empírica, meramente cronológica ou a aplicação do conceito historicista e sociológico na historiografia literária.

Desde Varnhagen, o problema preocupa os historiadores, a história literária sendo considerada como uma dependência da historiografia geral, política, social e econômica, devendo ser o método da história literária uma pura transferência do método histórico, dado que a literatura não passava de um reflexo das gerais atividades humanas. Dentro desse conceito simplista de que a literatura não passa de um epifenômeno, e de que a história literária, consequentemente, deve ser uma parte da história geral, a historiografia literária no Brasil, na sua fase primitiva, anterior a Sílvio Romero, consistia em exposições, meramente descritivas, quando não se limitava a repertórios biográficos, catálogos bibliográficos e florilégios ou antologias de finalidade didática.

É com Sílvio Romero que a historiografia literária no Brasil passa a ser encarada em bases científicas, com preocupação conceitual e metodológica. Com ele consolida-se a concepção historicista e sociológica da literatura e a adoção do método histórico para a história literária. Assim, os nossos historiadores não lograram imprimir à história literária um sentido autônomo em relação à história geral. Wolf, Fernandes Pinheiro, Sílvio Romero, José Veríssimo, Ronald de Carvalho, Artur Mota, Afrânio Peixoto, Antônio Soares Amora, sem exceção, incidem no conceito político, adotando critério político para a periodização, ou então ordenação puramente cronológica, mesmo quando admitem subdivisões por escolas ou gêneros literários[2].

No caso de Sílvio Romero podemos sintetizar o estado de espírito de toda a nossa historiografia literária no que concerne à periodização. Sua atitude é de ceticismo e hesitação decorrente da inexistência de uma concepção do processo da evolução literária, o que redunda na variedade de divisões, ora baseadas em fatos políticos, ora puramente cronológicos, sem qualquer significação em relação à realidade do desenvolvimento. Dessa forma, podemos variar ao infinito as divisões e classificações, ao sabor das conveniências, de maneira puramente mecânica ou com intenção didática. É o que resulta de buscar critérios interpretativos estranhos ao fenômeno literário, que não é considerado na sua natureza própria, como manifestação de caráter autônomo, porém como simples reflexo da atividade social-política.

De Wolf a Sílvio Romero, e de José Veríssimo a Ronald de Carvalho, o problema da periodização vincula-se ao conteúdo nacional da literatura, e a história literária é a verificação desse crescente sentimento, a princípio mascarado de nativismo, e cada vez tornado mais consciente até abrolhar em verdadeiro sentimento nacional. A sucessão das épocas, nessas divisões, obedientes à ideia progressista, revela a preocupação de descobrir o aumento da componente nacio-

---

[2] Cf. sobre o assunto o capítulo "Introdução geral", de *Introdução à literatura no Brasil*. Rio de Janeiro: São José, 1959, p. 19, onde é estudado, em detalhes, o problema da periodização, segundo a conceituação tradicional e a estilística, apontando-se larga bibliografia geral e particular.

nal na literatura, a intenção de acompanhar o "progresso literário relacionado com a nossa evolução nacional" (Veríssimo), "o abrolhar e a marcha do sentimento nacional através da literatura" (Veríssimo). A literatura, destarte, restringe-se a um documento ou testemunho do fato político; a sua autonomia corresponde à afirmação da personalidade nacional do país recém-libertado do jugo da metrópole. A história literária subordina-se ao processo político, buscando nossos historiadores as datas dos sucessos políticos para delimitar os períodos, ou, quando muito, denominações políticas e administrativas (origem, iniciação, formação, autonomia, atualidade, diferenciação, elaboração, emancipação, naturalismo, cultismo, etc., referência a gêneros literários, etc.), ao lado de outras de sentido geracional, ou marcadas por grandes personalidades, pelo aparecimento de livros importantes, ou simplesmente com denominações cronológicas, ou ainda com designações vagas e sem sentido (e.g. "reações ulteriores" de Sílvio).

Contra esse método é que se levanta a moderna periodização estilística. Ela visa a substituir a falta de orientação, geradora de cepticismo, quanto a um problema da maior importância em filosofia da história. Decorre de uma concepção da literatura como fenômeno autônomo, embora em constante ação recíproca com as outras formas da vida humana. Esta é a historiografia de natureza estética, em que a história da literatura consiste na descrição do processo evolutivo como integração dos estilos artísticos.

A aplicação da periodização estilística à divisão da história literária proporciona vantagens incontáveis à compreensão dos fenômenos literários. Libertada do rigorismo cronológico, a história literária, assim, independe de conceitos como o de escolas ou gerações, que as limitam no tempo, perturbando a visão e estreitando a perspectiva.

A concepção estilística subverte completamente a tradicional classificação da história literária moderna. É o que se dá com o barroco no século XVII. Para compreender a nova hierarquização dos fenômenos literários que dela decorre é *mister* despojarmo-nos de todo dos preconceitos e ideia tradicionais a respeito da origem dos períodos e da sucessão dos movimentos. É de todo imprescindível renunciar às noções da sucessão cronológica e das fronteiras precisas entre os movimentos. Os períodos são antes manchas estilísticas, sistemas de normas que não têm limites precisos, mas ao contrário se imbricam, interpenetram, superpõem. Segundo tal critério é fácil compreender fatos como os retardados, os precursores, os isolados, habitualmente inclassificáveis conforme a periodologia cronológica tradicional.

A moderna doutrina periodológica é um dos aspectos da reação anti-historicista que marca a tendência atual da historiografia literária, orientada para uma filosofia estética na classificação e interpretação da literatura passada.

A periodização estilística aplicada à história da literatura brasileira, além das vantagens gerais de abolir as tiranias sociológicas, política e cronológica, que caracterizam os sistemas de periodização tradicionais, tem outras consequências importantes, a seguir examinadas.

A consideração do problema conduz às seguintes conclusões:

a) O problema da periodização liga-se ao do conceito da história em geral, e, em particular, ao da história literária.

b) De sua fixação decorre a compreensão do início da literatura brasileira. Que é literatura brasileira? Quando começou a literatura brasileira, no século XVI ou no século XIX? A periodização estilística realça a formação da literatura brasileira concomitantemente com a própria origem da civilização e do homem brasileiro no século XVI, em pleno mundo espiritual e estilístico do barroco.

Fica superada de todo a velha dicotomia entre literatura colonial e nacional. Uma literatura não é colonial só porque se produz numa colônia e não se torna nacional apenas depois da independência da nação. A nossa literatura foi "brasileira" desde o primeiro instante, assim como foi brasileiro o homem que no Brasil se firmou desde o momento em que o europeu aqui pôs o pé e aqui ficou.

Assim, a literatura brasileira primitiva não é colonial, mas barroca e brasileira.

c) A periodização estilística põe em relevo o caráter estético, a especificidade e autonomia da literatura. Para quem defende esse conceito, a arte é estilo, oriundo da criação ou transformação de formas; o objeto estético, a obra de arte, é um todo, um universo autossuficiente, com uma forma e uma estrutura, uma autonomia e uma finalidade internas, uma forma significante, bastando-se e existindo por si mesmo, com a sua verdade própria, não se colocando a serviço de nenhum outro valor, não tendo outra função além de sua própria, que é despertar o prazer estético. Mas, ao reivindicar a autonomia e especificidade da arte não pretendem os formalistas, isto é, os que advogam uma concepção formal, estética, e não conteudística da arte, negar suas ligações, o seu substrato, as suas infraestruturas. Na arte, há o artista, homem carregado de motivos de ordem psicológica e vergado ao peso das impurezas do mundo social. Mas, desde que a arte constitui um universo específico, não atingimos as suas essências quando estudamos (mesmo esgotando) as "condições" externas de sua situação; por outras palavras, as análises e explicações psicológica ou sociológica jamais conseguem explicar totalmente a arte, porque se conservam de fora, naquilo que não é artístico. Todavia, são contribuições valiosas como complemento e subsídio, a ser incorporadas numa visão total da obra de arte. O artista, como homem, pertence a uma classe e vive num espaço e numa situação concreta; mas, como artista, ele produz algo que é antes uma conquista, uma superação de sua condição material, e "por uma atividade criadora ele condensa todas as significações em um objeto que aparece ao mesmo tempo necessário e imprevisto [...] um objeto novo, único, carregado de sentido", diz Lefevre, em sua obra, de estética marxista, acrescentando que o conteúdo social da arte não seria outra coisa senão uma "certa direção" dada ao "poder de criar", o que vem a dar no mesmo que afirmar que a obra de arte não é um reflexo passivo, mas resultado superior de um esforço criador espiritual (*Contribution à l'esthétique*. Paris, 1953, p. 93). Desta sorte, admitir a base psicológica e social da obra de arte é perfeitamente compatível com a ideia de sua natureza específica, emprestada pelas suas qualidades específicas e intrínsecas e suas leis internas. É, portanto, lícito a uma estética formalista aceitar o que de válido existe numa estética psicológica e sociológica. A crítica integral incorpora as explicações psicológicas e sociológicas na visão total da obra de arte, eleva-se do plano material de base à sua essência espiritual e estética. Parte da periferia, das exterioridades sociais e psicológicas, do homem e do meio da casca de elementos extrínsecos, para o âmago ou núcleo de elementos intrínsecos, específicos, poéticos.

d) A periodização estilística proporciona uma visualização de conjunto das artes, inter-relacionando-as, pois o "estilo de época" se traduz igualmente através de todos os meios artísticos.

e) A periodização estilística facilita a compreensão e valoriza os estilos até agora tidos como secundários ou de decadência, como o barroco; auxilia a classificação de obras que não tinham lugar certo nas tábuas de valores da história; põe em relevo épocas estilísticas que passavam despercebidas ou não tinham definição precisa, como o impressionismo.

f) A compreensão das origens barrocas da literatura brasileira destaca a importância "brasileira" de figuras como Anchieta, Gregório de Matos e Antônio Vieira, que fazem hoje parte integrante daquele período da literatura brasileira. Por outro lado, termos de intenção pejorativa como "gongorismo", "conceitismo", "cultismo", deixam completamente de ter qualquer sentido, pois o tipo de arte que eles procuravam designar não é inferior ou decadente, mas apenas um estilo diferente, com sua individualidade estética bem marcada.

g) Ainda em consequência do reconhecimento do caráter barroco na definição da literatura produzida no Brasil dos meados do século XVI ao final do século XVIII, não mais se permite o uso do termo "clássico" para rotular essa produção, como era corrente. Essa fase não pode ser interpretada como clássica, nem designada como período de classicismo.

Os três primeiros séculos da literatura no Brasil, já que aqui não houve propriamente Renascimento, mostram a intercorrência de estilos artísticos, o barroco, o neoclássico e o arcádico, formas de fisionomia estética bem caracterizada por sinais e princípios dominantes, que constituíram manchas espaciais e temporais, entrosando-se, misturando-se e interpretando-se, às vezes somando-se, nem sempre sucedendo-se e delimitando-se segundo cronologia exata. O barroquismo nasce com as primeiras vozes jesuíticas; penetra os séculos XVII e XVIII, manifestando-se pela poesia e prosa ufanista, pela poesia crioula de Gregório de Matos, pela parenética de Vieira e seus descendentes, pela prosa e poesia das academias, e atinge mesmo o começo do século XIX, sob um mimetismo de decadência. Enquanto isso, no século XVIII, Neoclassicismo e Arcadismo dividem-se as suas manifestações, que se mesclam, ao longo desse século, com os elementos do barroquismo. O século XVIII, sobretudo, reflete essa confusão, entrecruzamento e interação de estilos.

h) As mesmas facilidades proporciona o conceito de periodização estilística à compreensão dos estilos literários que, durante o século XIX, tiveram expressão no Brasil: o Neoclassicismo, o Romantismo, o Realismo, o Naturalismo, o Parnasianismo, o Simbolismo. Compreende-se melhor que eles não se sucedem, mas se imbricam, entrecruzam, interpenetram, superpõem, influenciam-se mutuamente. Daí os escritores pertencentes a mais de um estilo, ou impregnados de elementos de diversos, os sincretistas e de transição. Daí o Romantismo penetrar pelo seu adversário o Realismo com muitos de seus traços característicos, e daí o Parnasianismo e o Simbolismo se combaterem absorvendo as qualidades um do outro.

i) A melhor compreensão da literatura modernista é também um resultado da aplicação desse conceito. O Modernismo, para uma periodização estilística, não se reduz à fase da Semana de Arte Moderna (1922), mas compreende toda a época estilística de 1922 aos dias presentes, com três subfases: a 1ª fase, de 1922 a 1930, fase revolucionária ou de ruptura; a 2ª fase, de 1930 a 1945, de recomposição; a 3ª fase, de 1945 em diante.

Destarte a nova periodização estilística é um instrumento conceitual do maior valor para a solução do problema da literatura brasileira. Oferece ampla margem para a renovação interpretativa e revisão da produção literária no Brasil, encaminhando, demais disso, a compreensão da autonomia do fenômeno literário em relação aos outros fenômenos da vida, e da autonomia e originalidade da literatura brasileira.

1959

Instinto de nacionalidade

Problema correlato ao da origem e autonomia é o da nacionalidade literária.

Três são as principais formas apresentadas pelo nacionalismo em literatura. Em primeiro lugar, a literatura compreendida como instrumento de um ideal nacional de expansão e domínio político de um povo ou raça. É a literatura a serviço da propaganda e da exaltação das virtudes consideradas superiores de determinado povo; é a literatura racista, de conteúdo agressivo e explosiva, de intenção dominadora ou revolucionária. Evidentemente, esse tipo de nacionalismo literário é dos mais perniciosos para a própria nação da qual se faz arauto, e para os demais países, que se colocarão de logo em atitude de defesa contra as suas garras. Os malefícios desse nacionalismo entre os franceses foram muito bem descritos num livro de Louis Dimier.

A segunda forma de nacionalismo literário é a do pitoresco. Consiste na valorização do pitoresco sob todas as manifestações regionais, cultivando-o e exagerando-o no pressuposto de que reside nele o verdadeiro caráter da nacionalidade, a autêntica fisionomia da civilização. Essa teoria é sobretudo ligada ao conceito do relativismo romântico, para o qual os povos valem mais pelo que os destacam ou especificam, conforme o aforismo de que as verdades são diferentes de um lado e de outro dos Pireneus.

A exploração desse pitoresco em literatura resultou em algumas obras interessantes, mas na verdade não tem sido fecundo, sobretudo oferece um cunho restritivo a um aspecto da civilização ou cultura da qual retira o material para a obra. Limitando as possibilidades da seleção artística a um determinado tipo de material da realidade, anula o caráter de universalidade necessário à literatura. E torna a obra uma simples curiosidade, antes um fenômeno de museu etnológico do que uma obra de arte literária.

O terceiro tipo de nacionalismo literário é o autêntico. É o que corresponde à definição de Machado de Assis ao descrever o "instinto de nacionalidade", para ele a nota distintiva da literatura brasileira na década de 1870, quando redigiu o notável ensaio que leva aquele título. Afirmava ele que a tendência da literatura a "vestir-se com as cores do país [...] é sintoma de vitalidade e abono de futuro". E acentuava: "Interrogando a vida brasileira e a natureza americana, prosadores e poetas acharão ali farto manancial de inspiração e irão dando fisionomia própria ao pensamento nacional". Tudo isso, assinalava o ensaísta, provinha do ideal de criar uma literatura mais independente, justamente incentivando e aplaudindo "as obras que trazem os toques nacionais". Entre esses toques figurou o elemento indígena, que formou a corrente indianista.

Todavia, nessa busca do elemento nacional há um perigo que Machado denuncia: é errônea a teoria que "só reconhece espírito nacional nas obras que tratam de assunto local, doutrina que, a ser exata, limitaria muito os cabedais da nossa literatura". E aqui surge a sentença lapidar que resume definitivamente a boa doutrina:

> Não há dúvida que uma literatura, sobretudo uma literatura nascente, deve principalmente alimentar-se dos assuntos, que lhe oferece a sua região; mas não estabeleçamos doutrinas tão absolutas que a empobreçam. O que se deve exigir do escritor, antes de tudo, é certo sentimento íntimo, que o torne homem do seu tempo e do seu país, ainda quando trate de assuntos remotos no tempo e no espaço.

Esse sentimento é o que poderia chamar-se de "brasilismo interior", a ser expresso sob todas as variedades artísticas.

Tal sentimento íntimo é que caracteriza a alma nacional e a sua tradução é o dever do artista. Quanto mais fiel o for às imposições desse sentimento, mais autêntico, mais genuíno, e, ao mesmo tempo, mais universal será ele. Porquanto a universalidade corresponde à maior riqueza e força do sentimento nacional assim entendido. Quanto mais nacional mais universal o escritor, disse Gide, e os

37

exemplos estão à farta na história literária. Ninguém mais inglês e mais universal do que Shakespeare. O mesmo pode ser dito de Cervantes ou Racine. E isso qualquer que tenham sido os assuntos que utilizaram.

A identificação do escritor com a realidade do país, o seu cunho representativo da unidade nacional, foi muito bem definida ainda por Machado de Assis, ao apontar o caso de José de Alencar como típico (no discurso de inauguração de sua estátua):

> O espírito de Alencar percorreu as diversas partes de nossa terra, o norte e o sul, a cidade e o sertão, a mata e o pampa, fixando-as em suas páginas, compondo assim com as diferenças da vida, das zonas e dos tempos a unidade nacional da sua obra.
>
> Nenhum escritor teve em mais alto grau a alma brasileira. E não é só porque houvesse tratado assuntos nossos. Há um modo de ser e de sentir que dá a nota íntima da nacionalidade, independente da face externa das coisas.

A busca da nacionalidade para a literatura brasileira foi um tema que preocupou absorventemente a mentalidade de nossos homens de letras no século XIX, especialmente na segunda metade, tornando-se uma constante crítica, como já o assinalou Soares Amora. Esse movimento de nacionalismo literário procurava buscar "símbolos que traduzem literariamente a nossa vida social", na feliz expressão de Araripe Júnior, e encontrou em Alencar o intérprete genial, num esforço consciente de dar corpo às próprias tendências da alma. Era o problema da procura dos elementos que diferenciavam o país novo em face do colonizador. Era o problema de ser brasileiro, problema novo em literatura, problema de país novo, de cultura resultante da transplantação de uma cultura tradicional. Era a procura da resposta à total pergunta nacional de autodefinição, de autoidentificação, isto é, das qualidades que faziam o brasileiro diferente, um brasileiro, e, ao mesmo tempo, igual a todos os outros brasileiros. Esse estado de alma era comum ao homem do século XIX, e, portanto, nada mais natural do que se traduzir pela voz de todos os artistas e pensadores conscientes e responsáveis. De Norberto a Sílvio Romero e Araripe Júnior, de Alencar a Afonso Arinos, todos sentiam a necessidade de imprimir um cunho nacional, brasileiro, à literatura que se produzia no Brasil fosse por via do indianismo, do sertanismo, do regionalismo, fosse qual fosse o símbolo daquele "instinto de nacionalidade" a que referiu e que tão bem caracterizou Machado de Assis.

O resultado, como disse Araripe Júnior, "foi o movimento de diferenciação mais enérgico que temos tido". Nem sempre os contemporâneos compreenderam devidamente o alcance e significado do movimento. Mas os reacionários, portugueses e brasileiros saudosistas, verdadeira casta ainda subordinada econômica e mentalmente a Portugal, estes de logo compreenderam o dever de se mobilizar contra a tendência, no que defendiam a própria causa e interesses. Investiram, assim, contra Alencar, negando-lhe tudo, graças mormente ao trabalho de escribas importados, o que muito prejudicou a obra do autor de *Iracema*, comprometendo-lhe a serenidade e amargurando-lhe o espírito.

Já para o final do século, contudo, máxime depois da República, a onda nacionalista alastrara-se, a despeito da firmeza dos bastiões lusófilos.

No Brasil não há talvez outra linha de pensamento mais coerente, mais constante e mais antiga do que a nacionalista, nem outra que reúna o maior número de grandes figuras da nossa inteligência. Pensar no Brasil, interpretá-lo, procurar integrar a cultura na realidade brasileira, enfatizar os valores de nossa civilização, dar valor às nossas coisas, pôr em relevo as nossas características raciais, sociais, culturais, reivindicar os direitos de uma fala que aqui se especializou no contato da rugosa realidade – eis, entre outros pontos, alguns dos temas que constituem uma constante de nossa história intelectual.

Gregório de Matos, a primeira voz de nosso barroquismo crioulo, defendendo nossa gente contra o colono postiço; o Padre Vieira, a grande voz brasileira que reivindicou os nossos direitos junto aos donos do mundo de então; Botelho de Oliveira, Rocha Pita, Frei Vicente do Salvador, os primeiros a falar de nossas frutas, de nossos feitos, de nossos hábitos; os acadêmicos que já se consideravam "brasílicos" e "esquecidos" dos portugueses, num evidente assomo de irredentismo; e os inconfidentes, e os neoclássicos e românticos, estes últimos já se expressando de forma e numa língua independente e pensando com autonomia, como Alencar. Daí em diante, a onda não mais se detém, com os grandes pensadores da independência política e da regência, os grandes jornalistas e oradores, desse período, da abolição, da República; com o pensamento da era realista das três últimas décadas do século XIX, a época da nossa "renascença", pela sua importância extraordinária em nossa vida mental e histórica; e depois, no século XX, com Euclides da Cunha, e, mais tarde, o grande desaguadouro modernista e a década de 1920. Se acompanharmos com atenção toda essa evolução, veremos como há uma marcha constante no sentido da integração do país, e de sua gente em si mesmos, de um aprofundamento no magma nacional, de uma prospecção na realidade de nossa civilização, uma civilização diferente, diferenciada nos trópicos pela ação de elementos só aqui existentes.

Uma característica, porém, do nacionalismo brasileiro, quer se traduza na ordem espiritual ou física, é que ele não se faz, a não ser na fase, diga-se, heroica, de nossa vida, "contra" nenhum país ou raça. Ao contrário, ele é essencialmente assimilador. Todas as contribuições exteriores são bem-vindas e transformadas pela ação aculturante ou miscigenante em elementos que se dissolvem no todo.

É, portanto, afirmativo o nosso nacionalismo nisso que, em vez de opor-se, procura voltar-se para si próprio, buscando definir-se, aprofundar a consciência de suas próprias forças e fraquezas, virtudes e defeitos, para afirmar-se de maneira positiva, em vez de imobilizar-se em atitude negativa e reacionária. O que pretende o nacionalismo brasileiro é afirmar o Brasil.

Com esse objetivo foi que se constituiu entre nós uma linha de estudos, com grande felicidade batizada de "brasiliana". Será difícil apontar noutra cultura tão vasta e substanciosa soma de estudos como a que oferece a nossa "brasiliana", que ocupa um setor relevante de nossa história cultural, num plano em que se misturam ou cooperam a literatura, a filosofia, a história, a sociologia, a antropologia, a etnografia, a geografia, a linguística, etc., criando quase um gênero intelectual novo, desconhecido de outros povos. De Frei Vicente a Varnhagen, a Euclides da Cunha, a Nina Rodrigues, a Gilberto Freyre; de Tavares Bastos a Alberto Torres, a Oliveira Viana; de José de Alencar a Aluísio de Azevedo, Raul Pompéia, Machado de Assis, Monteiro Lobato, e a José Lins do Rego, é a mesma voz brasileira, testemunhando uma sociedade "brasileira"; de Gregório de Matos a Gonçalves Dias, a Castro Alves, a Alberto de Oliveira, a Jorge de Lima, a Manuel Bandeira; de Manuel Antonio de Almeida a Rubem Braga e Fernando Sabino, é a mesma alma brasileira a falar uma língua que só brasileiros entendem e sentem; é o mesmo pensamento brasileiro, nacional, que tão bem souberam definir e pesquisar um Sílvio Romero, um José Veríssimo, um Araripe Júnior, pensamento de "fazer Brasil dentro do Brasil", que só importa aos brasileiros, porque só eles sabem fazer e compreender.

Essa pesquisa, essa interpretação, essa definição do Brasil, que é a função da "brasiliana", e a essência de nosso nacionalismo, foi que em nosso século assumiu o pleno apogeu, paralela à fase de maioridade mental do Brasil, a que agora atingimos.

Por isso mesmo que ela chega a essa fase de maturidade é que não se dirige "contra" povos, raças, países. É afirmativo o nosso nacionalismo, procura compreender e interpretar o país, para afirmá-lo, tal como é. Nisso, parece que os brasileiros todos estão unidos, pensando igualmente. É inútil, pois, qualquer tentativa de ridicularizá-lo em nome de um falso cosmopolitismo cultural que, já em seu tempo, Araripe Júnior estigmatizava em certos escritores portugueses, os quais, agindo em nome do nacionalismo deles, inoculavam em nossa mocidade o vírus do internacionalismo. Ainda hoje, outros seus descendentes, dominados por um complexo de saudosismo sebastianista, e não podendo cultivar um nacionalismo sadio e positivo, proclamam uma curiosa forma de nacionalismo, orgulham-se com o fato de que alguns escritores lusos exerceram influência na literatura brasileira; é uma atitude curiosa que parece dar somente valor no Brasil àquilo que testemunha influxo português, sendo-nos lícito esquecer tudo, menos a menção desse fato.

Isso compreende quem refletir no que significa para o atual estágio de nossa cultura a afirmação da obra de um Euclides e de um Gilberto Freyre. É bem verdade que elas não surgiram no vácuo, mas resultaram de um longo processo evolutivo. Mas o livro de Euclides foi um impacto que teve o dom de nos atirar de um só golpe no Brasil, de nos forçar olhos adentro a realidade brasileira que alguns "cosmopolitas" procuravam disfarçar, mantendo-nos presos à miragem europeia, por sentimento de inferioridade colonial (a que se sujeitavam tanto europeus como brasileiros). E a obra de Gilberto Freyre veio acabar em nós o constrangimento de sermos mestiços, reconhecendo-nos ao contrário o direito a certo orgulho do que somos, do que fizemos, nada do que é motivo para inferioridade.

Tudo isso é nacionalismo. E não é contra ninguém. É apenas a favor do Brasil, para que possamos consolidar uma civilização, que é nossa, e por nós foi feita à custa do sangue, suor e lágrimas dos nossos antepassados, brasileiros desde o primeiro dia.

A propósito de nacionalismo brasileiro, há que considerar o aspecto negativo ao lado do positivo. Ninguém pode contestar a importância da linhagem do pensamento nacionalista que existe em nossa história cultural. O essencial desse pensamento foi muito bem definido por Araripe Júnior a respeito de literatura argentina: "Nacionalizar sem contudo perder a cultura clássica e a nobre emulação dos monumentos estrangeiros". Eis o ideal legítimo de toda cultura, pois nenhuma se elevou e frutificou no vácuo, mas numa situação histórica. E nacionalizar quer dizer absorver e captar as peculiaridades dessa situação, fazendo-as viver através "de símbolos que traduzam literariamente a nossa vida social", como ainda caracterizou Araripe Júnior. Isso foi o que fizeram no passado os nossos maiores escritores, e ainda o fazem os atuais. É inútil tentar contrapor a esse fato qualquer tese cosmopolita, em geral disfarçados avanços de impotentes nacionalismos opostos.

Essa linha de pensamento nacionalista viveu sempre, no entanto, combatida, espezinhada, coarctada, e, na realidade, jamais logrou a supremacia sobre as correntes estrangeiras que mantinham "em estado de sítio financeiro as consciências" (Araripe Júnior), bloqueando qualquer veleidade de influir no curso da história intelectual de maneira decisiva. Era um filete sempre presente, mas reprimido pela força econômica, pela propaganda dos interesses comerciais, pelos preconceitos antibrasileiros de alguns esnobes que renegavam a pátria em nome de falsos valores civilizados (confundindo civilização com Europa). Foi *mister* chegarmos ao século presente e à capacidade da República "de fazer Brasil dentro do Brasil", na feliz expressão de Gilberto Amado, para que empreendêssemos a "volta" intelectual definitiva ao Brasil dos exilados que, muito embora aqui vivendo, existiam espiritualmente fora. Hoje sabemos que o Brasil pode ser vivido intelectualmente, e, com a matéria-prima que nos oferece, recriado artisticamente. Como têm feito um Vila-Lobos, um Pancetti, um Portinari, um Jorge Amado, um Mário de Andrade, um José Lins do Rego, um Manuel Bandeira.

O estado de oposição, digamos, em que sempre vegetou a linha de pensamento nacionalista, não lhe foi clima propício a frutificar livremente. Era abafada a sua germinação e impedida a sua propagação, muitas vezes com mão férrea. É o que explica o fato de que, ainda hoje, seja necessário reivindicar certas proposições de interesse brasileiro, pois ainda é comum considerar-se como secundário o ponto de vista nacional, e ainda há quem julgue pacífico continuar o Brasil atrelado cultural e economicamente ao carro estrangeiro, seja ele qual for.

Em verdade, há muita coisa em que precisamos ser nacionalistas no Brasil. A omissão, no particular, tem-nos criado situações absurdas ou equívocas, que não podem perdurar. Exemplo típico é o que se passa nos estudos superiores, onde é quase completo o descaso pelos problemas brasileiros.

Outro setor de controvérsia é o da língua, no qual, até bem pouco, a orientação que predominava entre os nossos estudiosos era a historicista e normativa, segundo a qual os padrões de linguagem deveriam vir dos escritores portugueses. Pautava-se o nosso modo de escrever e falar pelos modelos lusos, os famigerados "clássicos" do idioma. Poucos notavam a situação absurda, que se encerrava nessa regra: um país novo, em franca ebulição, ficar preso a moldes criados em situação histórica bem diversa. Em vez de procurar os modelos entre nossos grandes escritores, tão grandes quanto os de lá, mas que sobretudo usam o nosso idioma comum de acordo com a nossa sensibilidade, gosto e necessidades, com a nossa fisiologia e psicologia, tentava-se forçar a cópia dos modelos que, mesmo em Portugal, não eram rigorosamente seguidos, e com razão. O resultado foi o atraso da ciência linguística brasileira, de que só a mais nova geração de filólogos nos está libertando, voltando-se para a nossa realidade linguística. Mesmo assim, permanecem em nossa estrutura pedagógica, por exemplo, os resíduos daquela funesta orientação, em toda parte estudando-se filologia portuguesa, impedindo que a mocidade se incline para os assuntos e problemas brasileiros de ciência da linguagem.

Em relação ao problema da nacionalidade literária, é exemplo perfeito o de Machado de Assis, e seu estudo é profundamente esclarecedor[3].

É o caso dos trabalhos de Astrojildo Pereira (*Machado de Assis*. Rio de Janeiro: São José, 1959). Baseado no materialismo dialético, estuda ele a obra de Machado de Assis como expressão do meio e produto das condições socioeconômicas do Brasil durante o Segundo Reinado. Prova com isso, em alguns lúcidos e seguros ensaios, que Machado é um escritor bem brasileiro, expressão de um determinado clima socioeconômico. O caráter brasileiro de sua obra, motivo de dúvida a muitos críticos, salta aos olhos em evidências que escapam à contradita. A sua contribuição, no particular, é definitiva na crítica machadiana, máxime os capítulos "Romancista do Segundo Reinado" e "Instinto e consciência da nacionalidade". Igualmente importantes, por outro aspecto, são "Crítica política e social" e "Pensamento dialético e materialista".

---

[3] Cf. estudo do problema em COUTINHO, Afrânio. *Machado de Assis na Literatura Brasileira*. Rio de Janeiro: São José, 1960.

Realmente, é uma noção a ser acentuada: a "consonância íntima e profunda entre o labor literário de Machado de Assis e o sentido da evolução política e social do Brasil" (p. 15). Consonância que era a sua preocupação constante, e, mais que isso, um princípio estético do grande escritor, que disse, definindo-se, ao definir José de Alencar: "Nenhum escritor teve em mais alto grau a alma brasileira. E não é só porque houvesse tratado assuntos nossos. Há um modo de ver e sentir, que dá a nota íntima da nacionalidade independente da face externa das coisas". Essa nota íntima é aquele "instinto de nacionalidade" que ele mesmo, melhor do que ninguém, definiu em página lapidar, porque era problema que sentia e compreendia em si mesmo, de que tinha experiência própria.

Essa matéria-prima nacional, porém, era apenas o barro que seu gênio de artista trabalhou, cinzelou, moldou, dominando-o, vencendo-o, superando-o para construir as obras-primas de arte universal que nos legou.

Em Machado de Assis, portanto, há a perfeita conciliação do ideal nacional com a universalidade. Nada mais contrário à grandeza artística do que o encerramento do escritor numa área cultural estanque. O nacionalismo verdadeiro não repudia a tradição universal. Nenhuma cultura se constrói no isolamento, à custa unicamente das qualidades nativas, cortando os laços com a comunidade humana. Não é mais possível em nosso mundo unido a separação das diversas culturas em departamentos estanques, pois da intercomunicabilidade é que resultam o enriquecimento e a fecundação das mesmas.

Ninguém mais inglês do que Shakespeare. Em nenhuma figura de sua história os ingleses mais se sentem refletidos. Todavia, ninguém mais universal. Ninguém que mais se alimentasse em nutrição de origem estrangeira, sobretudo dos antigos. É um mito o *small latine and lesse greeke* aplicado a Shakespeare, conhecido hoje como soube abeberar-se na fonte antiga, sem embargo de o seu gênio inglês em nada sair diminuído com essa influência estimulante.

O estudo mais perfunctório de qualquer literatura mostrará de sobra que só tiveram a lucrar os grandes escritores no contato com obras e autores de literaturas estranhas. Todas construíram-se à custa desse intercurso de ideias, sentimentos e formas. E o exame do fenômeno não deixa dúvida quanto ao valor do intercâmbio, levando à conclusão de que a arte é contrária ao isolamento geográfico. No século XIX, por influência das ideias de Taine e do determinismo, acreditaram muitos críticos que a arte fosse um produto do meio e da raça, fatores decisivos e exclusivos de sua gênese. Há, porém, um abismo entre essa teoria e o verdadeiro conceito de nacionalismo literário. Por este, a arte nacionaliza-se como um resultado da impregnação e incorporação do ambiente onde se produz. Isso não implica, no entanto, voltar as costas à tradição cultural a que se prende.

Machado de Assis não pode ser criticamente entendido e explicado sem o estudo de suas fontes estrangeiras, pois talvez não haja outro que, sendo como foi um autêntico escritor brasileiro, refletindo o seu país como um espelho, tenha tão bem aproveitado do estudo da literatura universal.

De nenhum modo o bom nacionalismo pode vicejar num ambiente de ignorância e suposta virgindade de alma, no que respeita à arte. O que fazia Machado de Assis, e o que fez José Lins do Rego, foi aproveitar a matéria-prima brasileira, dentro daquele "instinto de nacionalidade", subordinando-a ao processo transfigurador no contato com os grandes mestres e modelos. Não há sobre isso a menor dúvida quanto a Machado: conhecem-se as suas fontes, que ele usou sem reservas, a exemplo dos maiores. No que concerne a José Lins, a respeito do seu aparente desapreço, era espírito cultivado, e sua formação estética e novelesca está patente, inclusive por suas próprias confissões. No entanto, quem mais brasileiro, nos últimos anos, do que o autor de *Banguê?* Eis aí o verdadeiro nacionalismo, aquele que ressalta da fecundação exercida pelo espírito universal no magma nacional. É segredo do artista realizar essa operação de maneira superior. O seu espírito é um laboratório onde se processa o encontro e de onde emana a obra de arte, graças ao que se forma uma literatura original, com qualidades peculiares, na temática, na forma, no sentido, na imagística, que a fazem distinta de todas as outras, embora irmanadas no cultivo das mesmas tradições genéricas.

Nada mais equívoco do que construir uma teoria nacionalista sobre os alicerces da ignorância e a partir da ruptura dos laços culturais com a tradição ocidental. O sentimento de brasilidade, que é a mais forte herança cultural brasileira, e que se construiu, a partir do Modernismo, no tema central da literatura contemporânea, só tem eficiência e validade se não se opuser ao legítimo vaivém de correntes, que se entrosam e se vivificam, entre o nacional e o universal.

1959

Formação da literatura brasileira

A ideia central que norteia o pensamento contemporâneo no Brasil – e idêntico fenômeno se observa nos demais países do continente – é a da consciência de nossa "americanidade", em consequência da qual procuramos valorizar a nossa posição em detrimento dos laços de dependência à Europa, revendo inclusive pontos de vista anteriores à luz dessa noção. Desde o início, aliás, a "Ideia de América" consistiu nessa conquista de um local onde seria construída uma vida melhor para o homem que a ela viesse aportar. Esse o grande

48

mito motor dos descobrimentos e primeiras instalações do norte ao sul do continente novo. Levamos séculos lutando por libertar-nos do jugo moral, intelectual, político das metrópoles colonizadoras.

Hoje o sentimento de nossa autonomia é patente: procuramos pensar por nós mesmos o país que é nosso, no continente cujos problemas só nós sentimos e cuja civilização só nós podemos construir. Um sentimento de maioridade nos domina. Nosso espírito amadurece, tomamos consciência de nós mesmos, pensamos por conta própria, sem a subserviência a padrões, normas, interesses europeus, como era hábito até o começo do século passado, quando os homens raciocinavam em termos europeus e sonhavam em "retornar" à Europa.

Essa fase de autonomia e maioridade mentais que atingimos está bem caracterizada em nossa literatura atual. Toda ela é o produto dessa mudança operada em nossa consciência. Já não vive a literatura brasileira inspirada na miragem europeia, mas é no Brasil que ela busca os motivos de enriquecimento da imaginação criadora, que por sua vez procura exprimir-se pelo veículo de uma linguagem adequada à sensibilidade nacional, diferenciada dos padrões de um classicismo lusitanizante.

Mas é todo o espírito brasileiro que reflete esse grau de amadurecimento. E é a ele que se deve o desejo de afirmação, que é geral, de afirmação como povo e como civilização, integrando-nos na comunidade universal. Deixamos de ser uma grande província para ser uma nação. Uma nação ciosa de seu valor, de suas realizações, de seu papel futuro, do desenvolvimento de seus recursos materiais e da mensagem espiritual que tem a oferecer ao mundo. Libertamo-nos dos complexos coloniais que nos assoberbavam a mente. Podemos pensar e viver por conta própria, tirando do passado e do estrangeiro as lições que nos convêm, mas sem a mística passadista ou a subserviência ao que vem de fora. Queremos ser nós mesmos e resolver por nós os nossos problemas, consoante nossos interesses e o ensinamento e a experiência acumulados pelo nosso passado.

Esse é o conteúdo de nosso nacionalismo. Um nacionalismo que não é "contra", mas "a favor", um nacionalismo que nos afirma como povo.

A consciência dessa brasilidade ou americanidade é, pois, o critério mais forte do atual pensamento brasileiro. E é à luz desse critério que se afigura errônea a posição de Antônio Cândido em seu livro *Formação da literatura brasileira* (São Paulo: Martins, 1959). Sendo um trabalho merecedor do maior respeito, pela seriedade com que procura encarar o tema, e pelos recursos de inteligência e cultura que mobiliza para desincumbir-se da tarefa, oferece, por outro lado, ensejo para um novo debate em torno de pontos essenciais da nossa historiografia literária e da nossa teoria da história literária. Os problemas da formação e autonomia da literatura brasileira, e mais, o da própria conceituação de literatura brasileira, são de tal relevância que merecem que se lhes dê a máxima atenção, a propósito do livro do crítico, sem dúvida uma das mais respeitáveis figuras intelectuais da sua geração. A outrem a análise de diferentes aspectos do importante livro. Aqui, somente ele será objeto de comentários.

É evidente que o conceito de literatura que esposa Antônio Cândido não é estético mas histórico-sociológico; para ele, literatura é fenômeno de civilização, é "um sistema de obras ligadas por denominadores comuns", que são, "além das características internas (língua, temas, imagens), certos elementos de natureza social e psíquica, embora literariamente organizados, que se manifestam historicamente e fazem da literatura aspecto orgânico da civilização". Esses elementos de natureza social são os produtos literários (autores), os receptores (público), o transmissor (língua), e do conjunto dos três elementos surge "um tipo de comunicação inter-humana, a literatura, que aparece, sob esse ângulo, como sistema simbólico, por meio do qual as veleidades mais profundas do indivíduo se transformam em elementos de contato entre os homens e de interpretação das diferentes esferas da realidade". Portanto, literatura como forma de conhecimento, como instrumento de comunicação, como sistema social, como "instituição social", para usar a fórmula de Harry Levin. O seu papel como gozo estético, como divertimento espiritual, como arte, não está explícito nessa conceituação.

Mas, assim entendida, a literatura só deve ser considerada quando forma um "sistema de obras ligadas por denominadores comuns", com continuidade, tradição, atividade de escritores integrada no sistema. Quando se processa essa aglutinação é que se dá a "formação" de uma literatura. Antes, o que existe são meras "manifestações" literárias, jamais uma literatura propriamente dita, pois esta é um "fenômeno de civilização", só existindo quando há condições de civilização para a sua corporificação. "Em fases iniciais, é frequente não encontrarmos esta organização dada a imaturidade do meio, que dificulta a formação dos grupos, a elaboração de uma linguagem própria e o interesse pelas obras". Podem surgir obras de valor, "mas elas não são representativas de um sistema, significando quando muito o seu esboço".

Para Antônio Cândido a "formação" da literatura brasileira só ocorreu por volta de 1750, com as Academias dos Seletos e dos Renascidos e os primeiros trabalhos de Cláudio Manuel da Costa. Antes, foram apenas "manifestações literárias", não literatura brasileira. Embora, no mesmo ponto, refira-se ele a "período formativo inicial que vai das origens no século XVI, com os autos e cantos de Anchieta, às academias do século XVIII" (p. 18), o que é uma contradição em relação ao todo doutrinário exposto nessa e nas páginas seguintes.

Em suma, literatura brasileira só existe com os árcades mineiros, as últimas academias e certos intelectuais ilustrados, quando "surgem homens e letras formando conjuntos orgânicos, manifestando em graus variáveis a vontade de fazer *literatura* brasileira". Passemos por alto sobre essa afirmativa de que esses escritores "quisessem" fazer literatura brasileira ao contrário dos anteriores, que, não tendo vontade deliberada de "fazer" literatura brasileira, produziram apenas "manifestações" literárias, juízo que dificilmente se ajusta à obra de Gregório ou Vieira.

Por conseguinte, literatura brasileira só existe, para ele, quando se constitui o sistema grupal, critério de crítica sociológica aplicado ao fenômeno literário. Não desdenhando, porém, o critério, a sua aplicação é que vai invalidar a tese central, o princípio de ordem da conceituação historiográfica de Antônio Cândido.

Em primeiro lugar, esse princípio é o mesmo que vêm aplicando à interpretação da literatura brasileira e sua origem os historiadores portugueses desde Garret, o que é compreensível, pois encaram o tema da sua perspectiva de povo colonizador. O que não se admite é que continuemos a repetir essa definição do problema inteiramente contrária aos pontos de vista brasileiros. A literatura brasileira não começou no momento arcádico-romântico. Vem de antes, partiu do instante em que o primeiro homem europeu aqui pôs o pé, aqui se instalou, iniciando uma nova realidade histórica, criando novas vivências, que traduziu em cantos e contos populares, germinando uma nova literatura. Naquele instante, criou-se um homem novo, "obnubilando", como queria Araripe Júnior, o homem antigo, o europeu. Foi o homem brasileiro.

E com ele se "formou" a literatura brasileira, tendo bastado para isso que um homem novo sentisse vontade de exprimir os seus sentimentos e emoções diante da realidade nova. O público era escasso, mas existia, de conformidade com as condições sociais da época. Era diferente apenas do que se instaurou com as academias, mas não se pode dizer que não houvesse público para os epigramas de Gregório de Matos e para os sermões de Vieira. Era um público de acordo com a organização social elementar e a sociedade rarefeita da colônia, mas era um organismo coletivo que respondia de maneira adequada à intenção dos dois autores. Como, pois, falar-se em ausência de público? A formação da literatura brasileira ocorre desde o início da civilização. Considerar a literatura da época colonial "um aspecto da literatura portuguesa, da qual não pode ser destacada"; considerá-la "a literatura comum", ou "literatura luso-brasileira", parece uma posição absolutamente insustentável no atual estádio de evolução do pensamento crítico brasileiro. Considerá-la portuguesa só porque o Brasil era colônia de Portugal é um critério político aplicado à definição dessa produção literária, já nitidamente brasileira, além disso abrindo mão de um patrimônio por todos os títulos apreciável; inclusive esteticamente em que pesem as tradicionais restrições à literatura hoje chamada barroca do período. Restrições herdadas dos preconceitos e teorias críticas neoclássicas e românticas, felizmente superados, mas que ainda repontam aqui e ali nas páginas dessa obra.

Se o Brasil era uma colônia política e mesmo cultural, não se deve esquecer que o espírito brasileiro, a brasilidade, já se vinha constituindo, consolidando e libertando havia muito antes da fase de 1750 a 1836, apontada por Antônio Cândido como sendo aquela em que "surgem as bases de uma literatura brasileira orgânica, como sistema coerente e não manifestações isoladas" (p. 64). O próprio nativismo político já se manifestara, e não se compreenderia que o espírito nativista já existisse, como assinala Antônio Cândido,

53

em 1759, se não viesse fermentando havia muito, e nas academias o próprio sentido de "esquecidos" (1724) e "brasílicos" é nitidamente nativista.

O mais importante, contudo, é a incompreensão do papel da literatura barroca, ou, antes, do espírito barroco no Brasil, fenômeno que vem sendo posto em relevo ultimamente. A visualização do barroco brasileiro põe por terra de todo a tese de Antônio Cândido de que a literatura brasileira teve a sua "formação" com o período arcádico-neoclássico-romântico. Pois essa "formação" se deu com o barroco, com a mão barroca dos jesuítas e sob o influxo espanhol.

É curioso o fato de que em Portugal não encontrou o barroco um clima favorável e não se traduziu em expressões de alto valor literário. O peso do quinhentismo e o prestígio do Renascimento lá não deram azo à expansão da mentalidade barroca. Mas há outro motivo, este político e social. O barroco foi um fenômeno espanhol que os portugueses não viam com bons olhos porque importação cultural que se somava à dominação política, tudo contra o que reagiu a consciência nacional portuguesa. Daí toda aquela terminologia pejorativa aplicada à arte barroca – gongorismo, cultismo, e mais a condenação do barroco como arte do exagero verbal e da obscuridade procurada. E daí também a condenação dessa arte e a reação contra ela empreendida pelo arcadismo em nome da simplicidade clássica. O arcadismo, diz muito bem Antônio Cândido, é um neoquinhentismo. Graças a ele se expandiram os portugueses contra o barroco, importação espanhola. O repúdio ao espanhol dominador envolvia a repulsa ao barroco, expressão de arte espanhola. E isso se torna evidente e ganha impulso após 1640, rumando para o arcadismo neoclássico.

Pois bem, no Brasil o processo foi diverso. Enquanto para Portugal a libertação do jugo estrangeiro se devia fazer no sentido do Renascimento quinhentista, a época de glórias da nacionalidade, no Brasil, onde não houve Renascimento, o ideal nacional, o nativismo, a onda de liberação do jugo português, sentimentos que borbulharam na alma brasileira desde os primeiros tempos, para ter um sentido antiportuguês, teriam fatalmente que buscar modelos fora de Portugal. Antônio Cândido afirma que isso foi feito pela primeira vez no período arcádico, ao mudar-se a vista para a França e a Itália. Não. Isso foi feito primeiramente na época barroca, deixando-se o espírito brasileiro encharcar-se de influência espanhola, através da arte barroca. E as duas maiores expressões literárias da colônia, Vieira e Gregório, são também as duas maiores expressões do barroquismo brasileiro, que dominou por completo a literatura da época colonial, penetrando inclusive até o período neoclássico, até às vésperas do Romantismo. É o próprio João Lúcio de Azevedo quem assinala o espanholismo de Vieira, formado já em pleno clima filipino. Quanto a Gregório, não será preciso acentuar sua dívida notória aos grandes barrocos espanhóis. É dispensável a referência às outras figuras menores, todas do mesmo teor. Assim, o barroco, no Brasil, tem um caráter essencialmente nativista de reação ao português, do mesmo modo que a reação arcádica ao barroco, em Portugal, teve um cunho nitidamente político antiespanhol.

Doutro modo, não se compreenderia toda a arte colonial brasileira não literária, associação do espírito barroco às mais ousadas afirmações "brasileiras", como é o caso extraordinário do Aleijadinho. Isso é brasileiro ou não é? E se é, como ninguém poderia negar, como conciliar-se tal assertiva com a da ausência de brasilidade na mentalidade do homem brasileiro da época colonial? E como aceitar a tese da "formação" da literatura brasileira depois de 1750, quando o espírito brasileiro já dava tais mostras de individualidade? E quando, mesmo na literatura, um Gregório de Matos já fala a mesma linguagem do Aleijadinho, a linguagem da civilização crioula, mestiça, que aqui se plasmava?

Tudo isso já era Brasil, já através dessas expressões o espírito brasileiro falava, e, pois, já estava "formado" ou se formando, o que exclui a ideia de sua formação apenas depois de 1750. Nesse período o que ocorreu foi o processo de autonomia, não de formação. Parece que aí reside o equívoco: na falta de distinção entre "formação" e "autonomia". Cândido pensa que só há literatura quando a sua produção é deliberada, empenhada (conceito social), subestimando a produção anterior a 1750 por essa razão, isto é, porque, a seu ver, não era empenhada (p. 19). O defeito de sua visão crítica dessa literatura está em que ele transfere critérios atuais à sua compreensão, como se a vida literária na colônia fosse como hoje (aliás não era assim nem mesmo nos povos europeus). Por outro lado, ele repete e prolonga o critério crítico dos românticos "que localizaram na fase arcádica o início da nossa *verdadeira literatura*" (p. 19), "verdadeira" grifada por ele, como se a que se produziu antes não tivesse sido verdadeira.

A consciência brasileira é o resultado da estratificação de consciências – a consciência nativista (da época colonial), a consciência revolucionária (na época da independência), a consciência regional, a consciência nacional, dentro das quais várias subconsciências se desenvolveram e concorreram para o todo, como a consciência bandeirante, a consciência do humanismo racial, etc. Na produção dessa argamassa atuaram diversos fatores – religiosos, políticos, éticos, culturais, econômicos, os quais surgiram e operaram desde os primeiros tempos, no sentido de constituir algo novo, diferente do padrão europeu para aqui transplantado. Não foi, portanto, somente na fase arcádico-romântica que se produziu a "formação" dessa consciência e, consequentemente, dessa literatura. Aí ocorreu apenas a autonomia dessa mentalidade nova que se vinha "formando". E embora a literatura não "vivesse" como sistema coletivo, ela já "existia" antes disso, situação, aliás, que ainda persistia até bem pouco, o que levou Tristão de Ataíde àquela fórmula famosa e justa de que "a literatura brasileira existe, mas não vive".

Mas naquela fase colonial foi que, com a ajuda da estética barroca, a consciência brasileira tomou posse da terra, primeiramente pelo "sentimento da terra" e depois pela "consciência da terra", e por fim pela "consciência da nacionalidade", conforme a perfeita discriminação de Guilherme de Almeida na tese *Do sentimento nacionalista na poesia brasileira*, de 1926, estudo dos mais penetrantes sobre a evolução de nossa poesia.

Tem razão Antônio Cândido, portanto, em afirmar que não é uma literatura orgânica funcionando como sistema coerente (p. 64) a que existiu antes do arcadismo. Mas não se pode negar que já é uma literatura, que já se "formara", que não "vivia", mas já "existia". Assim o seu livro deveria denominar-se "autonomia da literatura brasileira", e não "formação". Formação deu-se na época barroca e os padrões barrocos então vigentes, e que deram os fundamentos à nossa consciência, foram tão importantes na época a ponto de plasmá-la, que ainda hoje repercutem em nossa alma e em nossa vida de maneira profunda. Constituem muito mais vivências em nós do que os arcádicos e neoclássicos.

A literatura brasileira "formou-se" com o barroco. Com o arcadismo-romantismo, tornou-se autônoma. Com o modernismo atingiu a maioridade.

Ainda a propósito da tese de Antônio Cândido de que a literatura no Brasil se "formou" no período arcádico-romântico, entre 1750 e 1836, será interessante comparar a situação brasileira com a das demais literaturas do continente americano, e verificar a solução historiográfica proposta pelos intérpretes literários, e lá vigente, acerca de situação similar.

O resultado a que se chega da observação é que o Brasil é o único país americano que abre mão de todo um patrimônio cultural ou literário, entregando-o aos portugueses sob a alegação de que a produção literária da época colonial é uma simples dependência da literatura portuguesa e, portanto, deve ser arrolada sob a etiqueta "literatura comum" (Antônio Cândido) ou "literatura luso-brasileira" (Ronald de Carvalho), ou qualquer outra fórmula, inclusive a famosa e absurda de "literatura colonial", contanto que fique expresso o caráter de dependência. Os historiadores portugueses vão ao extremo de abrir nas suas histórias e antologias de literatura portuguesa capítulos para inclusão dessa produção por eles considerada, pacificamente, propriedade nacional. Foram, aliás, Garret e Ferdinand Denis que iniciaram essa tradição, repetida pelos brasileiros, como Sotero dos Reis, autores de velhos manuais hoje cediços, mas à custa dos quais se difundiu essa concepção, ainda repetida muito mais tarde, por inércia ou falta de coragem de romper com as ideias feitas. Sobretudo por um falso sentimentalismo em relação a Portugal, que sacrifica os nossos interesses pelo receio de magoar susceptibilidades fundadas em equívocos históricos.

Que ofensa pode haver a Portugal com reagir a esse princípio superado e errôneo de que a literatura produzida na fase colonial não foi brasileira, mas portuguesa, quando tudo indica, desde a análise temática e ideológica, desde a movimentação à finalidade, desde a língua até o sentimento, que tudo se diferenciava desde o início e caminhava para uma expressão literária nova, expressão do homem novo que aqui se plasmava logo que se iniciaram a conquista e a colonização? Mesmo quando vigorava o estatuto (político) colonial, já os "brasileiros" reagiam contra ele e, sobretudo, já o espírito brasileiro frutificava nas artes, nas letras, na fala, em produtos nitidamente transformados, em formas que são novidades se as encararmos, não da perspectiva portuguesa, mas do ângulo brasileiro. É hora, portanto, de reagirmos contra semelhante colocação do problema, que nos priva de área muito significativa do patrimônio cultural brasileiro, máxime pelo fato mesmo de ser a parte inicial, aquela em que o espírito germinava tendo contra si todos os fatores mais adversos.

Por isso mesmo é que merece a nossa maior admiração e gratidão, e não o repúdio, como fomos acostumados a tratá-la, pelos portugueses e seus seguidores, sob o pressuposto de que são subprodutos artísticos, arte degenerada resultante do cultivo do exagero verbal, o que a crítica mais recente tem rebatido e revisto, à luz do conceito de barroco literário.

Fomos educados secularmente numa subserviência ao pensamento luso, indigna de um povo culturalmente autônomo. É o velho complexo colonial que nos põe nessa atitude humilde, que nos leva a renunciar a uma parte de nossa cultura, e, o que é pior, sem qualquer razão cientificamente válida de teoria historiográfica.

Se compararmos com o que fazem os historiadores das outras literaturas irmãs do continente veremos quão diferente é o critério. É geral, entre eles, a ideia de considerar literatura americana – seja qual for o país – tudo o que foi produzido como arte literária na época colonial, é claro que tratando como literatura, de conformidade com o conceito lato de gênero então predominante, todas as produções do espírito. De qualquer modo, contudo, já é literatura própria do país. Tome-se, por exemplo, a mais moderna história literária dos Estados Unidos, a de Spiller, Thorp, Canby, Johnson, e lá se verá a parte colonial como início da literatura norte-americana, e isso numa situação política sem a mesma unidade que oferecia a colônia brasileira.

Vejam-se as histórias literárias dos povos hispano-americanos, e é a mesma colocação do assunto. Torres Rioseco estuda os séculos coloniais como o primeiro passo da literatura hispano-americana, pondo em relevo aquela produção desde o século XVI, que teve características aparentadas com as da nossa, para penetrar no século barroco, no qual a situação é idêntica à brasileira. O mesmo faz Luís Alberto Sanchez, que entra em maiores detalhes, analisando, além da literatura aborígine, a literatura dos cronistas, viajantes épicos e catequistas, tudo muito semelhante ao que se passou no Brasil, inclusive com a má qualidade estética, em geral, dessa produção, mas nem por isso menos digna de atenção ou devendo ser desprezada. Até um francês, Aubrum, num pequeno manual Colin, segue nesse ponto as pegadas dos historiadores locais.

Esses os que tratam da literatura hispano-americana em conjunto. Mas o mesmo ocorre com os historiadores das diversas literaturas nacionais. Veja-se, por exemplo, o esplêndido ensaio de Fernando Alegria, *La poesia chilena* (Origines y desarrollo del siglo XVI a XIX), de 1954, e lá estão os escritores coloniais, sem que, todavia, a sua importância equivalha à dos nossos em volume e qualidade.

Dir-se-ia que assim fazem os historiadores locais, no interesse dos próprios países. Esse argumento, que viria, aliás, a favor da tese aqui expendida, cai por terra, no entanto, se examinarmos o método que norteia os modernos historiadores das metrópoles em relação às literaturas coloniais. Destarte, os ingleses não incluem a literatura americana na literatura inglesa, a não ser quando se trata de história literária do *english-speaking people*, o que é diferente. Mas na literatura inglesa não entra a produção colonial americana como literatura inglesa. E, ao contrário, os que escrevem a história literária americana, como Marcus Cunfiffe, em novo e excelente manual, incluem a literatura da fase colonial como literatura americana.

Assim o fazem os espanhóis quanto à literatura da América espanhola. O próprio Menendez Pelayo, no programa de literatura espanhola, não inclui nela a produção americana. Tampouco Valbuena Prat, na sua admirável e talvez melhor história literária ainda escrita. E no notável livro de George Brenan, um dos maiores hispanistas da Inglaterra, o critério é o mesmo (*The literature of the spanish people*, 1951), isto é, literatura espanhola é a que se produz em Espanha e não na América, a despeito do estatuto político existente entre a metrópole e as colônias da América. É que, exatamente como no caso brasileiro, sem embargo dos laços de dependência política, o espírito de autonomia já se fazia sentir e se desenvolvia largamente, em detrimento da mentalidade do povo colonizador, vale dizer, em favor da formação diferenciada de uma nova ideologia nacional, que se traduzia através da arte, da literatura, da fala, dos costumes e sentimentos novos.

A conclusão a que se chega é que é a própria teoria historiográfica que está errada nessa postulação do problema colonial de nossa civilização, que começou com a arte e a literatura barrocas, formando assim o substrato de nossa cultura. Não foi o período arcádico-romântico, conforme a opinião de Antônio Cândido, em seguida a outros historiadores desde o Romantismo, que constituiu a "formação" de nossa literatura. Essa é uma tese reacionária, portuguesa, só explicável pelo marasmo da teoria historiográfica lusa, que ainda repete os esquemas e fórmulas hoje inteiramente inaceitáveis. Felizmente, porém, mesmo em Portugal, a revisão conceitual nesse terreno já se faz sentir em tentativas de modernização e atualização da historiografia literária, como o livro de Oscar Lopes, que não tem a pretensão de açambarcar obras que não são portuguesas, porque são brasileiras. Com exceção de Vieira, que os portugueses ainda levarão muito tempo para ceder à evidência de que é brasileiro e não português.

A autonomia da literatura nas Américas é problema que se apresenta, como se viu acima, de igual modo nos países de cultura lusa, inglesa e espanhola. Por isso, nesses e noutros casos semelhantes, deve importar muito a nós a experiência dos outros povos norte e sul-americanos. No suplemento literário do *Times* de Londres (06/11/1959), dedicado a *The American Imagination*, há um ensaio sobre o "reconhecimento da literatura americana na Inglaterra", que situa o problema em termos de absoluta adequação ao caso brasileiro no que respeita às relações com a literatura portuguesa. Por isso merecem as considerações tão pertinentes ser resumidas para confirmar as teses aqui expendidas.

Assinala o anônimo ensaísta a geral relutância dos ingleses a admitir que a literatura americana possui suas próprias tradições e seus próprios traços distintos, e que sua tendência natural era, até bem pouco tempo, considerá-la parte da literatura inglesa, porque escrita no mesmo idioma. Contudo, a intensidade da experiência americana e a alta seriedade dos grandes escritores americanos é fato que não mais podem negar.

No que concerne à quantidade, não se pode esconder o peso da literatura americana. Mas os ingleses acham que os americanos têm uma tendência a uma aceitação acrítica de seus escritores. Sem embargo, do ponto de vista da qualidade, depois de examinada a contribuição americana, não há dúvida que se justifica plenamente, como mostra o artigo, a existência de uma literatura independente. Esse reconhecimento não quer dizer que a literatura americana se tenha desenvolvido inteiramente, por si, sem relação com a inglesa. Ao contrário, até o século XIX é óbvio e natural a dependência da literatura americana em relação à inglesa, e uma fertilização cruzada ainda persiste. Mas essa dependência não esconde o fato de que a literatura americana desenvolveu aos poucos suas próprias tradições e características.

E isso aconteceu porque os americanos não são ingleses, vivem num ambiente diferente, com um passado diverso. E a literatura americana existe porque os americanos a escrevem.

A Inglaterra foi uma sementeira de diferentes tipos, e quando suas mudas se transplantaram para outras regiões, selváticas e de clima diverso, seria difícil esperar que as flores tivessem a mesma qualidade. Assim, o que se ganha ao considerar a literatura americana separadamente é uma compreensão da mesma, a não ser que a consideremos em termos de seu próprio desenvolvimento – pois esse desenvolvimento próprio se deu a despeito da influência dos livros ingleses – ela não pode ser devidamente estudada.

Os colonizadores ingleses que foram para a América naturalmente não pensaram que estavam escrevendo algo chamado "literatura americana" do mesmo modo que os anglo-saxões não julgaram *Beowulf* ou *The Seafarer* como material para o capítulo de abertura da literatura inglesa. Não obstante, assim como se pode ver nos escritos dos anglo-saxões o mais remoto início da língua e do espírito que iriam constituir a glória da Inglaterra nos séculos XVI e XVII, os escritos dos colonos americanos podem ser considerados como o início da língua e do espírito que floresceriam na América durante o século XIX. Não é somente uma questão de diferença consciente – embora isso, também, haja-se desenvolvido e se tornado um problema em si mesmo. É antes uma questão de um certo tipo de inglês vivendo numa terra estranha e não somente desenvolvendo, através de um período de tempo, diferentes ênfases na língua e nos assuntos que eram idênticos aos da Inglaterra, mas também criando um novo idioma e selecionando diferentes assuntos.

Que influência teriam feito Hawthorne e Melville tão diferentes de Dickens e Thakeray? "Primeiro, podemos examinar a literatura americana desde o século XVII ao século XX e anotar o que os escritores americanos têm em comum. Em segundo lugar, podemos comparar as literaturas inglesa e americana. Desta maneira, é possível identificar as características distintas da literatura americana e traçar o mapa do seu crescimento e desenvolvimento através de mais de trezentos anos".

"Desde bem o início, a literatura americana exibiu características que a marcaram, leve, porém claramente, diversa da inglesa".

Há traços comuns aos americanos nas imagens, nos assuntos, em certa naturalidade e sinceridade de maneira e tom, certa fortaleza de atitude espiritual e certo apego à terra, ao lado, é claro, da inferioridade e rudeza técnica. Isso é o que dá lugar às duas linhas das letras americanas, a simbolista e a realista, as duas tradições básicas, que se encontram em todos os escritores, ora isoladas, ora fundidas, a tradição *genteel* e a vernácula, a *paleface* e a *redskin*.

> Ler a literatura americana do começo ao fim, em termos de seu próprio desenvolvimento, é compreender que as sutis pressões que atuam em todos os escritores em todos os lugares têm sido bem mais diferentes na América do que na Inglaterra, e conhecer, por um exame das provas, o que têm sido essas pressões particulares é compreender as obras americanas melhor do que se as colocarmos à força dentro de um contexto inglês. O americano conhece essas coisas por um processo de osmose espiritual; ele sabe pelo sangue que vive num clima cultural diferente, e o único meio para um estrangeiro de penetrar nesse clima é mergulhar a si mesmo nas correntes da literatura americana. [...] Um escritor não nasce no vácuo, nem vive nele. [...] O estudo da literatura americana deve ser feito por ela mesma, e só por ela.

Como se vê, a definição do problema da literatura americana pelo ensaísta inglês é de todo idêntica à que foi defendida nestas páginas quanto à origem e diferenciação da brasileira em relação à portuguesa.

Uma nova situação histórica deu lugar a um novo homem – o brasileiro – desde o início da colonização, e este criou uma nova literatura. Escassa, a princípio, esteticamente inferior, mas tipicamente brasileira, nos assuntos, linguagem, imagens, emoções e ideais veiculados. A literatura brasileira começou, portanto, do século XVI para o XVII, e foi a arte barroca o veículo ideal para esses primeiros vagidos de uma nova alma popular e nacional. Foi o estilo que teve adequação com aqueles sentimentos da alma brasileira em sua infância. E não o estilo renascentista e seus reflexos.

Em conclusão, as denominações "era luso-brasileira", "fase colonial", "literatura comum", "literatura luso-brasileira", para definir a produção literária do Brasil no período anterior à independência política, e "era nacional", "literatura nacional", "era autonômica", para designar a produção posterior à independência, não merecem continuar fazendo parte do vocabulário crítico e historiográfico brasileiro.

A distinção colonial/nacional, como divisão periodológica para a evolução literária brasileira, não possui validade crítica. É uma fórmula de mero conteúdo político aplicada à literatura, e os modernos teorizadores e estudiosos literários mais balizados procuram estabelecer uma conceituação que liberte a historiografia e crítica do vocabulário político, estabelecendo o estudo crítico da literatura com terminologia própria, específica.

Chamar de colonial e nacional uma literatura não é defini-la, é apenas dizer que ela se produziu numa colônia ou numa nação. Que valor definitório, do ponto de vista crítico-literário, têm esses termos? Por outras palavras, que é literatura colonial ou literatura nacional?

Esses termos foram introduzidos no vocabulário histórico-literário por historiadores que não dispunham, no tempo em que o fizeram, de uma filosofia estética da história literária. Estavam em plena fase das tentativas, nos primórdios da historiografia literária, em que esta era subordinada à historiografia política. Que nos dizem que devemos, ainda hoje, segui-los, obedecer aos seus critérios e conceitos, quando desde então é que a ciência historiográfica vem se desenvolvendo e adquirindo seus próprios recursos e vocabulário?

Por outro lado, chamar de luso-brasileira a literatura produzida nos séculos em que o Brasil era colônia de Portugal ou lhe era ligado politicamente, tampouco é definir coisa alguma. É uma simples designação gentílica, sem qualquer conteúdo literário. Demais disso, é falsa, porque a literatura que ela visa a designar não é luso-brasileira, a não ser porque Brasil e Portugal constituíam uma unidade política. O que ela é, na realidade, é brasileira, pela temática, pela língua e estilo, pelas aspirações e emoções traduzidas. De modo que nada justifica teimarmos em usá-la continuando o vezo dos antigos historiadores literários lusos e brasileiros.

A crítica literária de cunho estético já possui hoje um termo para designar a produção literária daquele período inicial. É o termo barroco. A literatura brasileira da época é uma literatura barroca – poesia e prosa. Para o período seguinte até atingir o Romantismo, o que temos é o arcadismo e o neoclassicismo. Portanto, o período que pretende ser coberto pela denominação de "era luso-brasileira", denominação infeliz por todos os títulos além de vazia de sentido literário, compreende o barroco, o arcadismo e o neoclassicismo. Designações estas que correspondem à realidade literária e estética, aos estilos estético-literários do período. E quando as enunciamos sabem todos, imediatamente, o que significam do ponto de vista literário, diversamente das designações de luso-brasileira, colonial ou nacional. Pois brasileira é tanto a literatura do período barroco ou arcádico quanto a do simbolismo ou parnasianismo.

Assim, por todos esses motivos é retardatária a posição dos que ainda usam tais conceitos cediços, como é o caso do livro de Antônio Cândido. É uma obra que surgiu atrasada. Deveria ter sido publicada em 1945, quando elaborada. Então ficaria com o significado de obra de transição entre a concepção crítico-historiográfica de Sílvio Romero, a que se liga pela sua conceituação sociológica, e as novas aspirações ao estabelecimento de critérios estéticos para o estudo do fenômeno literário, que o livro namora, embora tentando repelir, e que constituem as preocupações atuais da nova crítica brasileira no que tange ao estudo da literatura do passado e do presente.

1959

A literatura como fator da nacionalização brasileira

A tese que vai ser defendida neste trabalho é de que existe uma constante na evolução do pensamento brasileiro. Essa constante constitui uma linha coerente a partir dos primeiros tempos da colonização até os dias presentes.

Essa constante é a da progressiva nacionalização. Entendo por nacionalização o processo intenso e persistente de busca da identidade nacional, de integração e globalização da realidade brasileira. A nacionalização brasileira foi diferente do movimento nacionalista europeu, que redundou nas várias nações opostas umas às outras, culminando no século XIX.

O processo de nacionalização brasileira consistiu antes em um movimento de afirmação nacional, de busca da própria identidade, de conquista de um caráter nacional, de afirmação de qualidades peculiares. E, diga-se de passagem, nem sempre se realizou contra outros povos. Pode-se mesmo afirmar que o nacionalismo brasileiro não é nacionalismo *contra*, porém um nacionalismo *a favor*. Um nacionalismo a favor das nossas peculiaridades nacionais de povo, de nação, de civilização mestiça.

Pois bem, nesse processo de identificação nacional, de afirmação da nossa individualidade, de busca do caráter brasileiro, a literatura teve um papel primordial. E, o que é ainda mais importante, e a ser ressaltado, a literatura trabalhou nessa direção, consciente ou inconscientemente não importa, desde os primeiros momentos da colonização. O fator intelectual, através da literatura, esteve sempre em meio ou à testa do sentimento de independência, cedo gerado na alma brasileira. Em verdade, o "brasileiro", como tipo nacional, apareceu, conforme pensava Ortega y Gasset acerca do americano em geral, desde o instante em que o europeu, em nosso caso o português, pôs os pés na nova terra. Nosso Araripe Júnior concebeu a teoria da "obnubilação brasílica", segundo a qual o português aqui chegando obnubilava a condição de vida que deixou atrás e se adaptava ao novo *habitat*.

Foi esse homem novo que gerou o espírito irredentista desde cedo manifestado, desde o século XVII, dando margem à série de rebeliões, anteriores à Independência de 1822, movimentos estes cuja história já foi feita e é bem conhecida.

Esse homem novo, criado, ao contato da nova terra, da nova situação geográfica, social, econômica, da nova flora e fauna – e é bem de se lembrar que o da segunda geração ainda era mais radical –, tornou-se o dono da terra e gradativamente adquiriu um sentimento de que, sendo sua, a terra não podia ser governada de fora e de longe. E o sentimento de propriedade fortalecia-se aos próprios olhos, adquiria maior consciência, no duro labor diário para a conquista do território, para dominar a natureza e os selvagens, a fim de fundar um novo *modus vivendi* social e econômico. Não é propósito deste trabalho acentuar os movimentos políticos que exprimiram a revolta local contra a expoliação e o domínio externos.

Pretende-se aqui pôr em relevo o papel da literatura no coro irredentista, isto é, como a "claresia" intelectual, que se exprimia, então mais comumente através da literatura, graças a antenas mais sensíveis, captava o inconsciente nacional e traduzia o anseio geral de criação de um espírito nacional. Pode-se afirmar sem receio que a literatura foi o mais remoto instrumento de expressão do espírito nacional brasileiro. Ela teve um relevante papel em todo o longo processo de busca e encontro da identidade nacional, vale dizer, do caráter autônomo do brasileiro.

A formação da literatura brasileira foi dramática, obedeceu a um duplo movimento, como toda literatura que não tem origem autóctone, mas resulta do transplante de uma língua e uma literatura anteriores, formada em solo e povo diversos. É preciso não esquecer que já recebemos uma literatura já formada, com uma tradição própria.

Desde o começo, no Brasil, a produção literária lutou ante uma alternativa: ou aceitar a tradição alienígena, ou procurar desintegrá-la e abandoná-la, tentando a criação de uma nova consciência e de uma nova tradição. Ante a contingência de povo colonizado por europeus, e não existindo forte tradição autóctone, que pudesse servir de "passado útil" e seminal, os primeiros homens de veleidades literárias não puderam fugir a uma luta, que se passava no seu íntimo, entre uma tradição importada e uma nova tradição de cunho local e nativo que sentiam necessidade de criar. Esse conflito das relações entre a Europa e a América, esse esforço no sentido de se criar uma tradição nova em substituição à antiga de origem europeia, marcaram a dinâmica da literatura brasileira desde os primórdios da vida colonial.

As primeiras expressões literárias da Colônia já traduzem esse conflito e já denotam que estão sendo colocadas as coordenadas do movimento autonômico.

Desde o primeiro século, os jesuítas se convencem de que não poderão levar a cabo a sua tarefa de conquista e atuação espiritual e religiosa sem penetrar na intimidade das populações silvícolas, aprendendo o seu idioma, para estudar os seus costumes, vida religiosa, comportamento moral e espiritual, mentalidade. Do mesmo modo, em relação às populações coloniais. E para melhor atingir esse público tão variado recorreram ao artifício do polilinguismo e utilizaram-se da literatura – poesia e teatro. Era a adaptação às condições locais, peculiares e diferentes da europeia, início do sincretismo – religioso, cultural, étnico, social – que viria a ser, por isso mesmo, a característica mais marcante da civilização brasileira. Essa foi a corrente intelectual didática de penetração e convicção, para a posse material e espiritual.

Ao lado dela, outra corrente se formou, a da exaltação da terra, também de intenções persuasivas, sobre ser de motivação econômica para valorizar a nova terra aos olhos dos mercadores europeus, seduzindo-os à aquisição dos seus produtos e possivelmente à atração de seus investimentos financeiros. Criou-se assim um verdadeiro ciclo de literatura de ufanismo nativista, os "diálogos das grandezas", um novo mito do eldorado ou terra prometida, rica e farta, habitada por um "bom selvagem", exaltado por Montaigne na sua famosa página sobre os canibais. Essas "prosopopeias", "diálogos das grandezas", "ilhas da maré", foram cantos genetlíacos em louvor de uma civilização nascente, ou de façanhas de missionários, guerreiros, viajantes.

À literatura de expansão e descobrimento se ligam os primeiros livros escritos por portugueses ou brasileiros, no Brasil ou acerca de fatos, coisas e homens da colônia: a obra dos jesuítas, seja a parte tipicamente literária, lírica ou dramática, seja o acervo de cartas e informes em torno das condições da Colônia, é um capítulo da expansão espiritual portuguesa; a literatura de viajantes e descobridores, os roteiros náuticos, os relatos de naufrágios, as descrições geográficas e sociais, as descrições da natureza e do selvagem (que Sílvio Romero definiu como as duas tendências principais da brasileira no século XVI), as tentativas de epopeias com assunto local, são outros tantos episódios desse ramo brasileiro da literatura de expansão ultramarina do quinhentismo português, tão bem estudada por Hernâni Cidade.

A primeira grande manifestação dessas forças é a formação do mito do ufanismo, tendência à exaltação lírica da terra ou da paisagem, espécie de crença num eldorado ou "paraíso terrestre", como lhe chamou Rocha Pita pela primeira vez, e que constituirá uma linha permanente da literatura brasileira de prosa e verso. Pero Vaz de Caminha, Anchieta, Nóbrega, Cardim, Bento Teixeira, Gândavo, Gabriel Soares de Sousa, Fernandes Brandão, Rocha Pita, Vicente do Salvador, Botelho de Oliveira, Itaparica, Nuno Marques Pereira, são exemplos da série de cantores da "cultura e opulência", ou autores de diálogos das grandezas", que constituem essa singular literatura de catálogo e exaltação dos recursos da terra prometida. Essa literatura, diga-se de passagem, não deveria estar longe de emergir de motivos econômicos de valorização da terra aos olhos europeus.

Como expressarem, no entanto, o mito ufanista, essas obras não refogem à impregnação do estilo artístico em vigor na época. Em verdade, a literatura brasileira emerge da literatura do barroquismo. Foi sob o signo do barroco, definido não só como um estilo de arte, mas também como um complexo cultural, que nasceu a literatura brasileira. Senão vejamos o que ocorre com a literatura jesuítica, com a obra ufanista, mais de sentido literário, de Botelho de Oliveira e Nuno Marques Pereira, assim como a de Vieira e Gregório, com a descendência do primeiro na oratória sagrada, e com a família de poetas e prosadores das academias. Se a inteligência brasileira começou a expressar-se na forma de "literatura de conhecimento" (De Quincey), a "literatura de poder" desponta aqui e ali, embora só mais tarde adquirindo categoria estética.

Os gêneros literários então mais cultivados são o diálogo, a poesia lírica, a epopeia, ao lado da historiografia e da meditação pedagógica, dos quais o barroco retira o máximo partido, misturando o mitológico ao descritivo, o alegórico ao realista, o narrativo ao psicológico, o guerreiro ao pastoral, o solene ao burlesco, o patético ao satírico, o idílico ao dramático, sem falar no mestiçamento da linguagem, já iniciada como imposição da própria obra de evangelização e da nova sensibilidade linguística, de que decorrerá a diferenciação de um estilo brasileiro.

Era uma voz nova que se fazia ouvir, a partir de uma região remota do globo. E essa voz, já com tonalidade e expressão diferentes da mãe pátria (já o Padre Antônio Vieira se fez notar em seus sermões na corte portuguesa pela diferença de seu sotaque), e essa discrepância progredirá incessantemente, não apenas na roupagem expressional, senão também no que traduzia de sentimentos, emoções, aspirações, estados de alma. Essa luta por desembaraçar-se da aparência e conteúdo lusos não mais cessará, até culminar no Romantismo, com a independência política, cultural, literária, artística.

Outra expressão dessa oposição entre as tradições luso-europeia e nativa em formação consistiu no conflito entre duas concepções da literatura: de um lado o conceito de literatura como produto espontâneo e telúrico e, do outro, o de literatura como flor de cultura complexa e de elaboração pessoal consciente. Esse conflito, ainda agora vigente, embora mais palidamente, enraizou-se profundamente em nossa consciência literária, colocando em polos opostos, ao longo de nossa evolução, dois tipos de escritores: os inspirados, telúricos, virgens, instintivos, que buscam inspiração na terra, na natureza, no ambiente social e geográfico, no inconsciente; e os requintados, desenraizados, que só acreditam em inspiração através da cultura, e, desta, das fontes europeias, os quais estão sempre "retornando" à Europa em busca de enriquecimento interior.

Esse conflito encontrou expressão máxima na polêmica entre José de Alencar e Joaquim Nabuco, pelas páginas de O Globo, em 1875. Alencar representou o primeiro grupo, que se pode chamar de os "brasilistas", os que se voltam para dentro do país, retirando dele os motivos da construção literária; Nabuco interpretou o outro grupo, o dos "ocidentalistas", para os quais a verdadeira civilização brasileira, em oposição à cabocla e mestiça, é a branca, de origem europeia, ocidental, católica. Evidentemente, Alencar falou em nome do futuro, vendo, com razão, que a civilização brasileira é mestiça, nem branca, nem negra, nem indígena, mas mestiça, "brasileira", algo novo, de características peculiares, resultado do amálgama racial e cultural que aqui se processou.

Outro aspecto dessa oposição é o problema das relações entre o escritor e a natureza. Tentando criar uma nova tradição, o escritor dirigiu o seu olhar perscrutador para a natureza, em face da qual a consciência literária, desde o início, postou-se ora em atitude de contemplação exaltada, ora num pessimismo trágico de sombria tonalidade, sucedendo-se ou opondo-se vagas de lirismo e ufanismo entusiastas e de realismo pessimista. Expressões dessa presença impositiva da natureza são o indianismo, o sertanismo, a literatura praieira, os diversos ciclos da cana, do couro, do cangaço, da seca, afinal de contas do regionalismo, que é a forma de maior evidência na literatura brasileira, a princípio fotográfico e pitoresco, atualmente, com Guimarães Rosa, de cunho mítico. Essa presença da natureza é, por outro lado, constante na poesia lírica. E tudo isso evidencia o papel que desempenha na vida mental brasileira a natureza, como finca-pé das aspirações nativistas.

Essa luta entre as duas tendências – a que puxa para a Europa e a que busca estabelecer uma tradição local, nova – constitui os polos de nossa consciência literária, geradora de um drama que se reflete não apenas na imaginação criadora, mas também na crítica e compreensão da literatura, pois ela envolve a própria concepção da natureza e função da literatura no Brasil. O processo de desenvolvimento cultural e literário ainda está em curso. E essa marcha teve dois pontos altos: a fase romântico-realista do século XIX e o período modernista do século XX. Ao primeiro deve-se a fixação definitiva da autonomia. Ao segundo, a maioridade.

A marcha para a autonomia intelectual foi lenta, mas gradativa, sem desfalecimentos, a partir do século XVII.

Já então os poetas e oradores, os historiadores e pensadores, procuravam dar expressão a uma alma que se afirmava cada vez mais de maneira pessoal, brasileira.

Antes mesmo, obrigado pelo público indígena, Anchieta procurou ajustar-se-lhe, produzindo uma literatura que fosse facilmente aprendida, através do teatro ou da poesia lírica, e assim capaz de veicular-lhe a concepção do mundo e os dogmas do cristianismo. Essa adaptação se fazia mediante o emprego do idioma dos silvícolas, além do uso de artifícios teatrais próprios a atrair, incutindo o espanto e o medo, a imaginação selvagem. Eram sobretudo artifícios em que era rica a teatralidade barroca, haja vista o recurso ao fogo, ao demônio, à deformação física, às cinzas, para mostrar os efeitos do pecado e sua punição.

O mesmo sentido monumental encontra-se na construção das grandes igrejas da Bahia, numa época em que era uma cidade de palha.

A poética barroca prestou-se à maravilha a toda essa necessidade de atingir um público de inferior categoria. Assim, a poesia lírica lançou mão da técnica barroca mais requintada, com os artifícios da superornamentação metafórica, dos recursos estilísticos que criassem a perplexidade, como os jogos de palavras, a antítese, o paradoxo, as repetições, buscando convencer pelo espanto, antes que pela inteligência. Nisso foram riquíssimos os típicos poetas barrocos da Colônia Gregório de Matos, Manuel Botelho de Oliveira, Itaparica, Bernardo Vieira Ravasco, Frei Antônio das Chagas, Eusébio de Matos, Bento Teixeira, barrocos maiores e menores.

Avultando a todos, Gregório de Matos (1623-1696) já é um poeta "brasileiro". Poeta lírico, satírico, profano e religioso, é ele a expressão poética mais alta da Colônia. Sua obra traduz a atmosfera social, política, religiosa e econômica da colônia, e já falava em nome da nova gente e da nova mentalidade, atuando sobre o público primitivo de maneira mais eficaz do que o próprio Antônio Vieira. Sua dicção poética, sua temática, as variações de sua mente, a sua capacidade de improvisação denotam uma alma nova em ebulição dirigindo suas farpas especialmente contra os "reinóis", toda a gente que pudesse representar a mentalidade e os interesses portugueses. Se Anchieta foi o fundador da literatura brasileira, Gregório de Matos é o maior poeta dos tempos coloniais, ambos exprimindo a "nação" que se formava. E ambos, sobretudo Gregório, diferentes de tudo o que fazia então em Portugal.

O Padre Antônio Vieira (1608-1697), apesar de nascido em Lisboa, fez sua formação intelectual na Bahia, como Gregório, em plena efervescência social, na cidade que era então o centro intelectual, econômico, social e político da colônia. Seu papel na história da civilização e da intelectualidade brasileiras nunca foi subestimado, podendo mesmo afirmar-se que Vieira foi brasileiro. Diz Eugênio Gomes que "a identificação do grande jesuíta com o nosso país foi tão íntima e profunda, que, por muito tempo, deu ensejo a dúvida quanto à sua verdadeira nacionalidade".

Viveu noventa anos, mais da metade no Brasil, sempre alerta na defesa dos interesses do país e do povo, cujo sotaque adquiriu e de cujos modismos não teve pejo em enriquecer a sua língua, a "brasílica" que ele recomendava aos noviços em vez da portuguesa, à qual aconselhava valorizar com os idiomatismos locais. E, em verdade, a esse tempo, a língua que se falava se diferenciava muitíssimo da metropolitana, tanto fonética quanto sintaticamente, tanto no ritmo quanto no fraseado.

Botelho de Oliveira (1633-1711), entre os poetas menores do seiscentismo brasileiro, enquadrou-se na literatura de exaltação e ufanismo, parte da literatura de expansão e descoberta do quinhentismo português. É o primeiro a falar da natureza brasileira, contando as suas maravilhas em quatro línguas, e no gosto cultista mais destemperado, sobretudo na silva à Ilha da Maré, em que excele na descrição de pomares, paisagens, peixes, frutas.

Portanto, ao longo do século XVII, o nativismo se expandiu incontrolável mesmo enfrentando os riscos da censura, das proibições e restrições, quando não das punições da corte.

Nisso, o barroco, como estado de alma e estilo literário, teve um papel estimulante que não nos pode passar despercebido. Para o Brasil, o barroco foi a arma que preparou e estimulou o nativismo antiluso. Em outro trabalho já tratei do problema[4].

---

[4] Cf. o subtítulo "Formação da literatura brasileira".

Ainda em pleno século XVII dominava o espírito barroco. Há diversas manifestações intelectuais na época em que prevalece a expressão barroca. É típico produto o *Compêndio narrativo do peregrino da América* (1728), em que seu autor, Nuno Marques Pereira, mistura elementos religiosos, históricos, moralidades, num poema narrativo, alegórico, rico de agudezas, conceitismo e culturanismos, através de uma viagem de um peregrino em trânsito da terra para o céu.

Outra manifestação típica do barroco e do nativismo brasileiro do século XVIII é o movimento academicista. Inspiradas pelos modelos italianos, espanhóis e portugueses, difundiam-se as academias literárias, históricas e científicas pelo Brasil. Os "homens de saber" da época sentiam necessidade de reunir-se em organizações, assim exprimindo um espírito associativo nascente, e a necessidade de criar um público para as suas produções. Nas sessões acadêmicas liam ou declamavam seus trabalhos para os próprios confrades. Daí surgiu uma vasta produção de poesia, histórica, narrativa, em que o espírito irredentista se mostra evidente. Os intelectuais, residindo tão distante da corte, que era para eles o centro cultural de todos, a aspiração maior, e não podendo participar das agremiações europeias, sentiam-se rejeitados numa situação de inferioridade colonial sem remissão. Daí a necessidade de criarem sociedades locais, em cujos próprios títulos está registrado seja a mágoa do esquecimento (Academia dos Esquecidos) da metrópole, seja o intuito do renascimento (Renascidos), seja mesmo o intuito positivo de dar vazão à sua produção literária, histórica e científica.

As academias dos vários tipos são assim um foco de expressão nativista ou de excitação autonômica.

O arcadismo, seja pelo lado puramente arcádico, seja pelo lirismo nativista e pessoal precursor do romantismo, é também um passo avante do espírito brasileiro na marcha para a autonomia.

Por esse ângulo, o arcadismo foi um pré-romantismo, a despeito da forma e temática arcádicas. Não tanto em Tomás Antônio Gonzaga, mas sobretudo em Cláudio Manuel da Costa, Inácio Alvarenga, Basílio da Gama, Santa Rita Durão, Caldas Barbosa, essa expressão pré-romântica de lirismo nativo possui características bem peculiares quanto à temática de natureza e modulação sentimental, sobretudo na modinha pela voz de Caldas Barbosa, cuja beleza e tonalidade brasileiras foram muito notadas e apreciadas em Lisboa.

Com o romantismo, contudo, foi que o nativismo desabrochou em nacionalismo consciente, que deu lugar a movimentos paralelos nas letras e na política. Muito embora a independência política se tenha antecipado, a revolução da autonomia literária se vinha preparando havia muito tempo antes.

Àquela época, muito embora ainda fossem fortes os laços culturais à metrópole, a nova moldura física e cultural já era conquista definitiva, a traduzir-se dentro em pouco em formas literárias novas que exprimiriam os matizes da sensibilidade e a experiência inspiradas e criadas no ambiente novo. Foi o momento em que a velha psique colonial cedeu o lugar a forças espirituais que plasmavam, havia muito, na alma do povo, uma nova mentalidade literária. Da encruzilhada da década de 1820 a 1840 partiram ondas de energia a cujo ímpeto se devem as produções de extraordinária originalidade então surgidas pela voz de figuras intelectuais que moldaram para sempre a fisionomia da literatura brasileira.

Surgido oficialmente em 1836 com a *Niterói, Revista Brasiliense* do grupo fluminense, e os *Suspiros Poéticos e Saudades* de Gonçalves de Magalhães, chefe daquele grupo, o romantismo no entanto já fermentava desde o final da década de 1920, com os grupos de jovens vanguardistas da escola jurídica em São Paulo.

Na década de 1940, um fato importantíssimo no processo autonômico foi a polêmica da *Minerva Brasiliense* (1834), em que se destacou o publicista Santiago Nunes Ribeiro. Para ele, já àquela época,

O Brasil tem uma literatura própria e nacional [...]. A literatura é a expressão da índole, do caráter, da inteligência social de um povo ou de uma época [...]. Ora, se os brasileiros têm seu caráter nacional, também devem possuir uma literatura pátria.

Era a tese da autonomia expressa de maneira forte e convincente, sob vasta argumentação. Ao lado de Santiago Nunes Ribeiro, diversos críticos e teorizadores ofereceram outros pontos de vista em apoio da teoria. Joaquim Norberto chegou a planejar uma história da literatura brasileira, que seria a primeira se levada a cabo, na qual considera "brasileira" a produção literária dos tempos coloniais, a partir mesmo da poesia dos selvagens. Criou-se, para ele, nos brasileiros uma "proverbial propensão" para as letras, tendo sido, entre os povos americanos, o brasileiro "também o primeiro a ensaiar-se nos diversos ramos da literatura". Assim, Norberto coloca-se ao lado de Nunes Ribeiro defendendo a tese da nacionalidade da literatura brasileira.

Mas foi com José de Alencar que a mudança da mentalidade atingiu o clímax, num verdadeiro *shock of recognition* do momento em que a consciência literária se corporifica, em que os problemas literários são encarados de maneira técnica e em que surge a convicção, a consciência de que se estava criando uma nova literatura em uma nova situação histórica e geográfica.

O ápice da evolução encontra-se na polêmica em torno de *A Confederação dos Tamoios* (1856), poema épico de Gonçalves de Magalhães. De uma parte, estava Alencar com vinte e poucos anos e ainda desconhecido, criticando severamente o poema em uma série de cartas, publicadas sob o pseudônimo de Ig. Da outra, Araújo Porto Alegre, Monte Alverne, Alexandre Herculano, Castilho, Pinheiro Guimarães e o próprio D. Pedro II, amigo e patrono do autor do poema.

A questão central da polêmica, e que estava mui viva na mente dos homens de letras naquelas décadas, e provocada pelo romantismo, era o problema da nacionalidade da literatura, correlato deste outro da originalidade. Onde reside a nacionalidade da literatura? Onde encontra ela as suas qualidades nacionais? Onde reside o novo numa literatura que se constrói a partir do transplante de uma velha literatura?

No parecer de Alencar, Magalhães formulava o problema de modo artificial.

Caracterizava a época o "instituto de nacionalidade", bem definido mais tarde (1878) por Machado de Assis. Dessa ou daquela forma, todos se deixavam arrastar ao estudo de como dar realização "brasileira" à literatura aqui produzida.

Segundo Alencar, o poema de Magalhães fracassou nesse objetivo, porque, embora estivesse no caminho certo da busca da nacionalização literária, mediante a exaltação dos feitos e da terra brasileiros, não colocava com felicidade a solução do problema formal, ao escolher um gênero cediço e adaptado a literaturas estranhas e antigas, como a epopeia.

A Alencar não escapavam os problemas técnicos. Quem estuda a parte de crítica literária de sua obra, as cartas sobre A Confederação dos Tamoios, a polêmica com Franklin Távora e José Feliciano de Castilho, os seus prefácios e posfácios, a sua polêmica com Joaquim Nabuco, fica apto a verificar a noção exata que tinha dos problemas literários que estudou a fundo na obra dos clássicos e modernos, tanto dos criadores como dos críticos e teóricos, tanto das poéticas quanto das retóricas. Além do problema das formas, tinha bem presente no espírito o de dar realização "brasileira" à literatura aqui produzida, um caráter nacional que a diferenciasse da portuguesa.

Por isso, pode considerar-se que em Alencar convergem as duas linhas que iriam dar corpo à nova consciência literária, ao caráter nacional brasileiro: a linha técnica, a que buscaria desenvolver os gêneros e formas adequadas ao espírito brasileiro; a linha "brasileira", o processo de diferenciação da literatura no Brasil. Repelindo a epopeia, pegou aquela primeira linha, e, de um gênero ainda informe, como a ficção romântica dos primeiros romancistas e novelistas – Lucas José de Alvarenga, Pereira da Silva, Justiniano José da Rocha, Varnhagen, Joaquim Norberto, Teixeira e Sousa, Macedo – Alencar elevou o gênero a um grau de alto desenvolvimento tanto no aspecto estrutural quanto no temático, oferecendo soluções que preparariam o caminho de Machado de Assis, e legando uma tradição já delineada e viva.

Estava realizada a independência literária e por ela a cultural – pois o literário, pela força que tem entre nós, comandou a evolução do espírito nacionalizante –, e é a Alencar que se deve, com justiça, atribuir essa transformação, cabendo-lhe por isso o posto de patriarca da literatura brasileira.

Mas a evolução não estava completa somente com a autonomia. A posição polêmica de Alencar levou-o mais longe do que era preciso, no afã natural de forçar a novidade e "criar uma literatura mais independente". Daí que transigisse com a voga então corrente de a literatura "vestir-se com as cores do país". Machado de Assis, que assim registrou o fenômeno, no seu ensaio sobre o "instinto de nacionalidade", considerava errônea a opinião "que só reconhece espírito nacional nas obras que tratam de assunto local", e, embora admitisse que "uma literatura nascente deve principalmente alimentar-se dos assuntos que lhe oferece a sua região", concluía que "o que se deve exigir do escritor, antes de tudo, é certo sentimento íntimo, que o torne homem do seu tempo e do seu país, ainda quando trate de assuntos remotos no tempo e no espaço". Pela pena de Machado de Assis, estava formulada a doutrina correta.

Aliás, o próprio Alencar, na polêmica com Joaquim Nabuco, em 1875, sustentou doutrina idêntica, salientando a necessidade de introduzir na ficção os costumes e os tipos da sociedade brasileira, que eram, a seu ver, peculiares, e não os mesmos da civilização europeia.

O essencial na consideração do problema da autonomia intelectual é não a colocarmos em termos políticos como se fez no século XIX, e mesmo em nosso século, consequentemente à atmosfera de exaltação patriótica da independência política de 1822, que coincidiu com os albores do romantismo. O próprio romantismo, nas suas fontes europeias, vinha envolvido em forte dose de exacerbação patriótica, o que fez que fosse visto como a Revolução Francesa das Letras. E, em muitos pontos, ele serviu realmente de estopim ou de força propulsora, máxime em relação aos países sob a dominação ou a ameaça napoleônica.

A autonomia literária não deve ser colocada em termos políticos, não tem conteúdo e significado político, nem deve ser identificada com a independência política. Os dois processos podem coexistir, ser paralelos, porém um não depende do outro, porquanto ambos se realizam a partir da consolidação da consciência do povo como povo. A nacionalidade objetiva-se de igual maneira, quer sob a forma política, quer pela diferenciação da linguagem, quer pela poesia e ficção, tradições populares e demais formas de vida.

A autonomia literária escapa, assim, à explicação em termos políticos. É antes de natureza estética. É a marcha ou conquista, por parte de um povo, de sua autoexpressão nacional. Ela se processa gradualmente, por etapas, irrefreavelmente, como sucedeu no Brasil.

A busca da autoexpressão literária é de caráter estético, e é produto do desenvolvimento da autoconsciência do gênio literário brasileiro. E ela deve ser seguida nos elementos literários, na evolução de formas, testemunho daquela marcha da consciência literária em busca de si mesma.

Podemos demonstrá-lo procurando acompanhar a evolução da ficção dos albores do romantismo até Machado de Assis, através da obra dos diversos escritores, Alencar o maior de todos. Essa pesquisa pode deslindar os esforços de um gênero novo em busca de expressão e procurando conquistar e fixar os recursos técnicos com que expressaria a nova realidade social, nacional. De uma ficção linear, plana, informe, pobre de narrativa e de personagens, já em Alencar encontramos sementes bem plantadas em solo opimo, que dariam as esplêndidas demonstrações de Machado de Assis, no qual se unem enredo e *dramatis persona*, assunto e estilo, técnica e substância, brasilidade e universalidade, a um grau de excelência e força nacional.

O mesmo se pode afirmar quanto à poesia lírica. Desde o arcadismo, passando por Gonçalves Dias até Castro Alves, é um progressivo desabrochar, até atingir a plenitude formal, estilística, temática, nitidamente brasileira. Foi a formulação da estética brasileira do lirismo, incluindo uma linguagem poética peculiar, que imprimiu fisionomia inconfundível à nossa poesia.

A autonomia literária, portanto, não decorreu da independência política. Ela se vinha processando muito antes de 1822. A autonomia literária é um processo estético, e estabelecê-la é descobrir os momentos em que as formas e artifícios literários – elementos estéticos – assumem o domínio da expressão, como formas e artifícios literários, prestando-se, ao mesmo tempo, a fixar aspectos novos e uma nova perspectiva estética, ou uma visão estética de uma nova realidade, que é uma nova aventura do homem na terra.

A fixação desses momentos foi ajudada por alguns estilos de época ou estilos estéticos, cuja sucessão constitui as etapas ascensionais em busca da autoexpressão literária. E eles, a despeito de importados, não foram menores motores da diferenciação graças ao processo de adaptação a que foram submetidos. Assim, não só o barroco, como o arcadismo, como o romantismo tiveram que se ajustar à nova realidade humana para dar, como deram, expressões peculiares e locais. (Haja vista como o Aleijadinho ajustou as inspirações barrocas às exigências da pedra-sabão.)

Portanto não é correto subordinar a autonomia literária à independência política. Ela já se desenvolvia, quando se deu a independência política.

Em verdade, a independência literária não foi um simples processo de diferenciação da literatura portuguesa. Ela consistiu, acima de tudo, numa busca de autoexpressão e de criação de formas novas ou adaptação de antigas. Basta lembrarmo-nos da reação de Alencar – o grande promotor da autonomia, quando pensamos num homem, mas em verdade apenas o gênio que melhor encarnou a voz da tribo – em face do poema-épico de Magalhães. Para ele, a epopeia não era um gênero adequado a dar expressão à literatura de uma alma nova de povo. Era um gênio cansado, esgotado, superado. Devia-se recorrer a um gênero novo, ainda pouco vivido, e que não podia ser senão o romance, de recente criação entre os ingleses do século XVIII e que os franceses do século XIX vinham aperfeiçoando. Era a velha narrativa que adquiria fisionomia nova. Para um homem novo, arte nova. Para uma situação física e social nova, uma literatura expressa sob formas novas. Foi o que compreendeu e empreendeu Alencar, o patriarca da literatura brasileira.

A situação histórica, as novas experiências com a geografia, a fauna, a flora, exigiram do europeu um esforço de adaptação, reno-vação, remodelação, tão forte, que daí resultou um tipo novo de sociedade e economia, de convivência e trabalho, em que as cultu-ras alienígena e autóctone se fundiram, mesclaram-se, aculturaram-se, do mesmo modo que as raças miscigenaram-se. Esse homem novo criou um estado de espírito diferente, atitudes, desejos, ideais, espe-rança, sensibilidade, psicologia, peculiares, em suma uma concepção nova da vida e das relações humanas, uma visão própria da realidade, diferente da do europeu. E esse homem novo, um mestiço de sangue e de cultura, não poderia deixar de criar um estilo novo de falar a língua metropolitana, de sentir diferentemente, de criar uma arte, uma dança, uma música, uma literatura próprias.

A literatura surge sempre onde há um povo que vive e sente.

No Brasil, essa literatura surgiu diferenciada desde os primeiros momentos da colonização, quando a imaginação do homem novo passou a produzir em termos da nova realidade, em termos do *genius locci*, uma poesia e uma ficção diferentes da europeia. A evolução da literatura no Brasil é uma constante valorização do gênio local – des-de o elogio às frutas e peixes, com Botelho de Oliveira, até o sertanismo de Bernardo Guimarães, o indianismo de Alencar e Gonçalves Dias, o regionalismo de Afonso Arinos e Guimarães Rosa. Essa é a maior constante literária brasileira. O nacionalismo literário no Brasil é a incorporação à literatura da realidade local – em tipos, costumes, instituições. A autonomia literária, consolidada no romantismo, consistiu precisamente em incorporar a brasilidade à literatura, em dar um caráter brasileiro à produção literária, e não apenas em separá-la da portuguesa.

Durante o século XIX, desde os albores do romantismo, por vol-ta de 1830, o processo autonômico em curso traduziu-se na preocupação, que dominou a maioria dos homens de letras e pensamento, de buscar a nacionalidade da literatura brasileira, preocupação esta que se tornou uma verdadeira constante crítica. Era, como disse Araripe Júnior, encontrar "símbolos que traduzam literariamente a nossa vida social". Era o problema de ser brasileiro, e do que é ser brasileiro, problema de país novo, resultado de transplante de uma cultura tradicional e já formada para uma região nova. Era a busca de resposta à pergunta da autodefinição nacional, da autoidentificação, isto é, do conjunto de características que fazem o brasileiro diferente dos outros povos. E essa busca e essa resposta interessavam sobremodo à literatura, também ela necessitando de prova de identidade.

Esse movimento não parou durante todo o século XIX, culminando, em 1902, com Os sertões de Euclides da Cunha, que foi a vitória do nacionalismo, pois, graças a sua força, teve o dom de atirar o país para dentro de si mesmo, renunciando ao cosmopolitismo, de um lado, e, do outro, ao sentimento de inferioridade colonial.

Um dado na evolução do nacionalismo literário foi a incorporação da natureza, impulsionada pelo sentimento da natureza que o pré-romantismo e o romantismo europeus desencadearam e que se tornou um elemento constante do romantismo brasileiro, e mais que do romantismo, de todo o espírito e a literatura brasileiras. Os primeiros críticos românticos colocaram-se nítidos na defesa da tese, proclamada por Almeida Garret, de que a literatura brasileira deveria incorporar a "luxuosa natureza" nas suas cores ricas e novas. Para eles, a originalidade literária, outra preocupação absorvente do romantismo, resultaria da adaptação da literatura à natureza local, e quanto mais de acordo com a natureza tanto melhor seria a obra. O critério de valor passou a ser a maior ou menor fidelidade da obra à natureza ambiente, à paisagem local. Essa representação da natureza, essa fidelidade à cor local, passaram a ser a norma estética, para a caracterização nacional da literatura. E essa norma, seguida por poetas e prosadores, e também críticos, transformou-se no motor do ideal de uma literatura nacional, brasileira, independente. A partir de 1830, data crucial, essa norma de incorporação da natureza, que já vinha aliás surgindo desde os árcades, passa a ser uma constante da poesia e da ficção, sob os mais variados aspectos. E ela se aliou à representação dos costumes, tipos e feitos locais, para imprimir à literatura o selo da nacionalidade.

Esse índice de nacionalidade se manteve através das descrições exaltadas de natureza em Gonçalves Dias, no Castro Alves do *Crepúsculo sertanejo*, em Alberto de Oliveira.

O fato é que, ao longo da década de 1830, convergiam todos os esforços para a fixação da ideia nacional e sua caracterização na literatura. O sentimento da natureza, e por natureza entendia-se não só a paisagem, porém os costumes, é o mais gritante, o que mais atraía a vista, nessa operação nacionalizante. O indianismo será um seu corolário, pela identificação do selvagem, ou primitivo habitante, à natureza, um seu verdadeiro símbolo.

Aí é que culmina o esforço multissecular que a alma brasileira vinha empreendendo.

É certo que a independência política, ocorrida em 1822, não foi uma independência profunda, pois não foram rompidas as amarras com a metrópole, continuando esta a exercer a sua ação colonialista através da monarquia (portuguesa de origem e simpatia), da aristocracia social e econômica, mais ou menos lusófila, que a dominava, da colônia financeira lusa a que estavam subordinados o comércio, o sistema bancário, a imprensa, e da influência mental da cultura portuguesa.

Foi precisamente o movimento intelectual, literário, artístico, que produziu a verdadeira autonomia brasileira, processando a integração da inteligência, da cultura, as artes e letras com a realidade brasileira. Ao romantismo, iniciado por volta de 1830, cabe a glória de haver realizado a autonomia verdadeira, profunda, de efeitos duradouros do espírito brasileiro, atuando por meio da literatura. Com ele, atingiu o ápice o movimento de nativismo que acompanhou o espírito brasileiro, nas suas mutações, e na sua luta pela autoexpressão. A literatura viveu essa luta, desde um Gregório de Matos, a primeira voz do nosso barroquismo crioulo, defendendo a gente da terra contra o unhate [sic] e o colono postiço; desde Antônio Vieira, a se bater pelo Brasil junto aos donos do mundo; desde um Botelho de Oliveira, o primeiro a falar de nossas frutas e peixes, de um Rocha Pita e um Vicente do Salvador, os primeiros a registrar os nossos hábitos e feitos; desde os "acadêmicos" a reivindicar posições de "brasílicos" e "esquecidos" dos portugueses, num evidente assomo de irredentismo; desde os árcades e inconfidentes, a exprimirem sentimentos à nossa maneira e a defender-nos contra a espoliação. A independência política foi, isto sim, preparada pelo longo processo de nativismo e nacionalização que a inteligência, através da literatura e outras formas, veio desenvolvendo através dos tempos.

O processo de diferenciação não resultou de uma atitude consciente ou de compulsão, mas simplesmente da aceitação da nova vida.

Apesar da presença constante, ainda hoje, nem seria possível doutro modo, um mundo inter-relacionado, da nutrição de origem estrangeira a dinamizar a nossa energia criadora, marcando os movimentos literários, não é possível deixar de observar, desde cedo, um americanismo ou brasilidade rugosa e áspera, uma genuína qualidade nativa, que se apresenta na literatura, condicionando a matéria e a forma, a estrutura, a temática, a caracterização de personagens e a seleção dos assuntos, tudo de envolta com aquele "sentimento íntimo", que Machado de Assis identificou na essência do "instinto de nacionalidade".

Em vez de um reflexo da autonomia política, a literatura é o resultado do desenvolvimento da consciência nacional, desabrochando tanto na política quanto na literatura. A crítica e a história literárias mostram-no, ao estudar a autonomia das formas, acompanhando a sua evolução e verificando o momento em que elas – ficção, lirismo, drama – alcançaram, na estrutura e na temática, um feito brasileiro típico, peculiar, distinto, que possa considerar-se uma contribuição nova ao gênero, uma nova tradição.

E é isso justamente o que a crítica e história literárias brasileiras atuais reconhecem na fase iniciada em 1830. É o momento em que a consciência nacional dá à literatura a oportunidade de selecionar os elementos que a tornariam autônoma, diferenciada, peculiar. A independência política e a autonomia literária associaram-se. Era a liberdade mental.

E essa liberdade não mais se perderá. Ao contrário, doravante a literatura, incorporando a realidade brasileira – natureza, tipos, costumes –, tornar-se-á o que hoje possuímos e que já começa a causar a admiração do mundo. Uma literatura peculiar, autônoma, forte, de características próprias, original, qualidades que os movimentos do século XX, o modernismo à frente, não fizeram mais do que confirmar e acentuar. Uma literatura que, do regionalismo de Afonso Arinos a Guimarães Rosa; do psicologismo e costumismo de Machado de Assis, Raul Pompéia, Otávio de Faria e Clarice Lispector, procura explorar todos os motivos e aspectos de uma civilização, que é, sem dúvida, a mais forte e original que ainda surgiu nos trópicos.

Revista do Arquivo Municipal, vol. CLXXXIV, ano XXXV,
p. 201-220. São Paulo.

O Rio de Janeiro e a unidade da literatura

É um espetáculo deveras empolgante o que oferece uma cidade para tornar-se o centro da vida política e cultural de uma nação.

Sabemos que a cidade constitui o máximo da vida civilizada, onde atinge o mais elevado grau a mentalidade humana, o espírito de iniciativa e a realização, a capacidade de organização política, administrativa e econômica, o desenvolvimento intelectual e artístico. Os exemplos que nos oferece a história são convincentes. Mênfis e Tebas, no Vale do Nilo, Nínive e Babilônia na Mesopotâmia, Tiro, Sídon e Cartago nas margens do Mediterrâneo, Atenas, Esparta, Corinto, Siracusa, Mileto entre os gregos, Alexandria na época helenística, até chegarmos à maior de todas elas, Roma, com seu milhão de habitantes e seu modelo de organização jurídica e administrativa e sua técnica urbana, ainda hoje imitados.

Todas aquelas referidas, e mais as numerosas cidades que tiveram destaque nos tempos modernos, provam que a vida urbana desempenha o papel mais relevante no progresso humano, cada cidade desenvolvendo sua própria individualidade peculiar e inconfundível, verdadeira unidade econômica, política, social, com traços psicológicos bem típicos na sua população, especializadas através dos tempos, das lutas e dos sofrimentos comuns, da mistura de seus componentes raciais.

Uma nação precisa de suas comunidades urbanas para o seu progresso, e destas há uma que, pela evolução histórica e graças a numerosos fatores geográficos, econômicos e políticos, torna-se o centro nacional, cérebro e coração do país, bomba de propulsão e de controle da vida nacional, dominando e dirigindo a opinião pública, estimulando e apurando a vida e o pensamento político, aperfeiçoando a liderança, criando e mantendo as aspirações nacionais, representando a média dos ideais do povo. É a cidade líder, a que se torna o centro da vida nacional. A sua capital política, administrativa, cultural. A força mais influente na vida do país.

Se acompanharmos a história de Paris, por exemplo, veremos como, desde os tempos da velha Lutetia, e a partir da Ilha de França, a cidade cresceu de dentro para a periferia, mas sobretudo cresceu em torno dela a França, tornando-se, através de inúmeras vicissitudes e altos e baixos, o foco central na nação. Não se tratou de uma operação deliberada, planejada, pré-fabricada, mas de uma evolução espontânea, irregular, ilógica, orgânica, como a própria vida. Não foi porque o quis que a cidade adquiriu a posição de centro do país. Esta resultou da evolução natural, por força dos elementos históricos, políticos, sociais, culturais que confluíram para ela, dando-lhe a primazia entre as demais comunidades urbanas, que, na França, em épocas passageiras, disputaram a Paris o privilégio de ser o centro nacional: Poitiers, Troyes, Angers, Dijon, Nérac, Nancy, Tours, Lyon. Mas as letras francesas só adquiriram caráter nacional quando a centralização política se efetivou em Paris.

Quando o Rio de Janeiro, em 1763, recebeu da Bahia o centro e a sede do vice-reinado, não o foi em caráter definitivo. A ideia originou-se da necessidade de o governo melhor atender, graças à posição geográfica da cidade, em posição média na costa leste e situada noutra esplêndida baía, aos difíceis problemas da fronteira e das regiões sulinas. Acresce a este outro fator ponderável: a descida do ouro e diamantes das Minas Gerais fazia-se pelo Rio de Janeiro, como por um escoadouro natural. E isto obrigava a maior presença ou proximidade da administração, tendo em vista a cobrança dos impostos.

Todavia, esses fatores políticos e econômicos foram de tal monta que a transferência da capital se tornou definitiva. A realidade impôs-se.

Antes desse fato, a literatura só na Bahia encontrava ambiente e, sobretudo, um público de certo nível e homens de alta cultura para produzi-la ao lado das outras formas de atividade cultural. Teólogos, jurisconsultos, gramáticos, pregadores, poetas, historiadores, formavam um corpo de pessoas de saber que elevam alto o nome da colônia. Eis o testemunho do nosso Nuno Marques Pereira, em seu *O peregrino na América*, cuja primeira edição é de 1728. Referindo-se aos "nacionais da cidade da Bahia", como ele diz, afirma que "foram, e são tantos os poetas, que bem pudera eu dizer, que nele estava aquele decantado Monte Parnaso". E traça um quadro dos que "versaram e versam os estudos", isto no século XVII, no que se depreende qual o ambiente intelectual que oferecia a Bahia. Máxime, o que importa acima de tudo, é indicar a tendência agremiativa, sem a qual a vida intelectual fica rarefeita, esporádica, descontínua. Houve na Bahia, naquele tempo, um espírito coletivo, índice de vida urbana em organização e desenvolvimento, como provam as academias dos Esquecidos (1724-1925) e dos Renascidos (1759), focos de intensa atividade cultural e sobretudo de expressão nativista.

Aliando a mentalidade encomiástica e jubilosa, ao gosto da pesquisa histórica e erudita, as academias do século XVIII constituem um verdadeiro movimento – o movimento academicista presta ao momento um cunho peculiar, extremamente importante, para a nossa história intelectual e para a nossa autonomia literária. Se considerarmos o número de obras importantes que devemos aos membros das academias nos terrenos das letras, artes, ciências, história, bem avaliaremos a relevância de sua contribuição.

A moda das academias atingiu o Rio de Janeiro nos meados do século; em 1736 se reuniu, sob os auspícios dos governadores José da Silva Pais e Gomes Freire, uma academia esporádica, a dos Felizes, chefiada por Mateus Saraiva e Simão Pereira de Sá.

Mais tarde, em 1752, fundou-se a Academia dos Seletos, em 1772, a Fluviense, e, em 1786, a Sociedade Literária do Rio de Janeiro.

Ao espírito típico das academias, encomiástico e erudito, ao seu forte nativismo, vinha juntar-se agora a atração da França, iniciando-se o fenômeno que, durante todo o século XIX, viria a ser conhecido como a "mania francesa", que dá ao século o seu colorido especial.

De qualquer modo, porém, tornava-se evidente que a vida no Rio de Janeiro já vinha, desde os albores do século XVIII, com a mudança do eixo econômico para as Minas Gerais, adquirindo foros de urbanização de molde a permitir o luxo da atividade intelectual, com tendência associativa.

É bem de ver-se que essas sociedades, em que se procurava corporificar o espírito agremiante, não passaram de efêmeros grupos de amigos cultores das letras e ciências, que se reuniam em torno e na residência de um deles para os seus torneios de leitura de obras ou declamações. Muitas delas foram simples "outeiros", como se chamavam no tempo ou meras reuniões comemorativas, para festejar acontecimentos grados, ou exprimir o júbilo coletivo por ocasião de nascimento de príncipes, chegada de dignitários ou posse de autoridades.

Mas está claro que nessas efemérides a literatura era chamada a desempenhar uma função específica, ligada à vida da comunidade. Não se lhe dispensava a presença nessas festas, o que patenteia a sua integração com o espírito da coletividade. A literatura vivia com o povo, com ele vibrava nos grandes momentos de júbilo ou tristeza. Ela era um instrumento de expressão da alma popular através do qual os nobres, os humildes, os brancos, mulatos e pretos se exibiam em músicas, danças, poesias, em honra de um titular ou na comemoração de um nascimento ou casamento. Literatura e comunidade identificam-se.

O que nos ficou dessa produção, reunido nos códices das academias setecentistas, não vale pelo mérito literário, em geral escasso, mas pelo caráter documental que possui. Por ela tomamos o pulso da época, entramos no conhecimento dos hábitos, das festas, da mentalidade, mas, o que sobreleva em significado, por ela ficamos aptos a sentir o papel que desempenhava a literatura no século XVIII, como elemento integrante da vida da comunidade. E assim era na Bahia, e assim já era no Rio de Janeiro.

Das agremiações fluminenses, a que teve maior duração foi a Sociedade Literária do Rio de Janeiro. Fundada com a aprovação do Vice-rei Luís de Vasconcelos, em 1786, teve estatutos, e deveria reunir-se em casa própria uma vez por semana. Extinguiu-se em 1790, para renascer em 1794, quando foi definitivamente extinta pelo Conde de Rezende, que, desconfiado das atividades dos seus membros, ainda os fez encarcerar. Faziam parte dela, então, Manuel Inácio Silva Alvarenga, Mariano José Pereira da Fonseca, Jacinto José da Silva. Reuniam-se em casa de Alvarenga e consta que, por delação de um vizinho seu inimigo, o vice-rei mandou a polícia varejar a casa, tendo Alvarenga passado dois anos preso na Fortaleza da Conceição. Os autos da devassa procedida então contra o intelectual, diríamos hoje, subversivo, incluídos nas obras completas do poeta editadas por Joaquim Norberto, fazem a delícia dos que veem no presente a repetição do passado.

Já, portanto, a cidade de São Sebastião do Rio de Janeiro, durante o século XVIII, possuía vida urbana que permitia aos seus habitantes um mínimo de atividade intelectual, nos diversos setores: artes e letras, ciências e música. Se a maioria da produção se fazia em bases individuais, esboçava-se todavia a organização coletiva, sem a qual não é possível a vida cultural. O espírito coletivo já existia, restava aparecerem as agremiações, os institutos, as academias, as bibliotecas, os organismos, em suma, nos quais se deve apoiar essa vida cultural.

Se a cidade já se mostrava florescente no comércio; se já se tornava um local de passagem obrigatória para as trocas de produtos agrícolas e minerais que saíam, e manufaturados que entravam; se já se expandia em população, que exigia serviços públicos, melhoramentos urbanos, divertimentos, educação; se, com os seus governantes, Gomes Freire, o Conde da Cunha, o Marquês de Lavradio, D. Luís de Vasconcelos, o Conde de Rezende, teve uma série de operosos servidores de seu desenvolvimento como cidade, acompanhando o surto da expansão mineira, que a tornou um empório; também iam-lhe enriquecendo instituições culturais.

Durante a fecunda administração do Conde de Bobadela, Gomes Freire de Andrade, além das frustras academias dos Felizes e dos Seletos, foi criada uma organização mais sólida, o Seminário de São José, de onde saíram educados muitos brasileiros ilustres.

O Convento de Santa Teresa e o da Ajuda vieram somar-se aos três conventos de frades e ao Colégio dos Jesuítas, dando à vida monástica uma posição que a cidade requeria.

Ao governo de Luís de Vasconcelos deve-se a construção do Passeio Público, de 1779 a 1783, devida a Valentim da Fonseca e Silva, o Mestre Valentim a quem a cidade tanto deveu em embelezamentos. Aliás, outra evidência do apreço em que eram tidas as artes, por parte dos governadores e vice-reis do século XVIII, está o constante chamado dos artistas para a execução de trabalhos oficiais, do que resultou a cidade se pontilhar de obras de arte, palácios, chafarizes, praças, esculturas, pinturas, etc.

Em suma, o século XVIII é um grande momento do Rio de Janeiro. A cidade expande-se, cresce em importância econômica e política, aumenta de população, que atinge 50 mil habitantes no final do século.

Outro importante marco na vida artística da cidade é a criação, em 1767, do primeiro teatro, a Casa da Ópera, do Padre Ventura, que levou à cena peças de Antônio José e no qual Bougainville diz ter assistido à representação de peças de Metastácio, "representadas por um elenco de mulatos", e obras-primas da música italiana "executadas por uma orquestra dirigida por um padre corcunda, em vestes eclesiásticas". É realmente fantástico esse fato relatado por Bougainville. Em 1767, a cidade possuía um grupo de artistas que representavam obras teatrais e executavam peças musicais dos grandes mestres europeus.

Confirmação de que o público havia progredido, crescido, aperfeiçoado o gosto, a ponto de suscitar a organização de grupos para o desempenho dramático e musical. Era a cidade em espírito coletivo, era a organização urbana.

Depois da Casa da Ópera, surgiu o Teatro de Manuel Luís, que representou Molière, e outros autores, durante os seus quarenta anos de existência.

Com o enorme benefício consequente à transferência da corte portuguesa para o Brasil e localização no Rio de Janeiro, a cidade deu, em poucas décadas, um salto de gigante no sentido de tornar-se uma metrópole.

E de todos os aspectos da vida urbana em progresso, avultam o intelectual, e, mais especificamente, o literário.

Aos poucos, e rapidamente, o Rio de Janeiro conquista os foros de capital intelectual, literária e artística, de centro cultural do país.

As missões artísticas e científicas que, a partir de 1810, amiudaram-se no país, trouxeram um alento novo a uma vida intelectual até então aprisionada ao âmbito do monopólio português. A metrópole havia sido sempre ciosa em cercar a colônia das grades férreas de uma legislação coercitiva, que proibia tipografias, universidades e que era rigorosa no esmagar qualquer manifestação cultural, sempre vista como perigosa aos interesses da Coroa.

Abertos os portos e liberada a imprensa, o país foi invadido por visitantes estrangeiros, em busca de informes sobre sua flora, fauna, riquezas minerais, sua paisagem física, seus habitantes e seus hábitos sociais. Isso veiculou um vigoroso influxo intelectual. Surgiram jornais, criando um movimento jornalístico que honra a nossa história. E através da imprensa beneficiou-se a literatura, não somente com a facilidade de publicação de livros, senão sobretudo pela multiplicação de revistas, periódicos e seções literárias nos jornais. Assim, no início, destacaram-se o *Jornal do Commercio* (1827), o *Diário Mercantil*, o *Diário do Rio de Janeiro*, nesse período em que se plasmava a mentalidade nacional autônoma.

Pode-se dizer que a nossa autonomia literária, realizada em definitivo pelo romantismo, a partir de antes de 1830, encontrou nos órgãos de imprensa o veículo e, mais que isso, o estímulo. Numerosas dessas revistas ou jornais foram órgãos estudantis, como a *Revista da Sociedade Filomática*, o *Acaiaba*, da Faculdade de Direito de São Paulo, ou como a *Minerva Brasiliense*, a *Guanabara*, *a Revista Popular*, do Rio de Janeiro, para citar apenas algumas notáveis.

O Rio de Janeiro, após a independência, foi-se tornando aos poucos o centro de publicação dos mais importantes órgãos da imprensa política e literária. É claro que as províncias continuaram a exercer o seu papel. Mas se foram limitando ao ambiente local. Houve nelas grandes órgãos e grande núcleo de atividade intelectual.

Mas a capital tornou-se cada vez mais o centro nacional.

Ao lado da imprensa e dos jornais, livrarias foram surgindo, devidas a negociantes franceses, que nas suas lojas de variedades vendiam também livros, até que instalaram casas de venda exclusiva de livros.

Aumentando-lhe o caráter de centro, foram sendo localizados no Rio de Janeiro diversos serviços públicos, uns de cunho nacional, mas todos beneficiando a cidade. Alguns desses eram de natureza administrativa ou governamental, mas outros vinculados à vida intelectual, e que iriam ter enorme influência no desenvolvimento cultural do país.

Assim, a Imprensa Régia, que veio a ser a Imprensa Nacional, a Escola Médico-Cirúrgica, a Real Academia Militar, o Laboratório Químico, o Teatro São João em 1813, a Real Biblioteca em 1814, o Museu Nacional, o Jardim Botânico, a Academia da Marinha, a Academia de Belas-Artes em 1816, como resultado da Missão Artística Francesa, que tão grande influência exerceria, por intermédio dos grandes artistas que trouxe, no embelezamento da cidade e seu enriquecimento arquitetônico. Mais tarde, dois outros órgãos de grande influência na vida da nova corte foram criados: o Conservatório Nacional de Música e o Conservatório Dramático Brasileiro, nas décadas de 1930 e 1940.

Em 1838, fundou-se o Instituto Geográfico e Histórico Brasileiro, a sociedade que desempenhará o mais importante papel cultural no século XIX, estimulada e protegida pelo Imperador D. Pedro II, espelho e documento da vida intelectual do Brasil naquele período, de que a sua notável *revista* constitui um repositório inigualável.

A Sociedade de Geografia, o Museu Nacional, o Observatório Astronômico, o Gabinete Português de Leitura, foram outras tantas instituições que, no século XIX, marcaram a vida intelectual da cidade nessa marcha para a centralização, concentrando-se nela as forças geradoras de cultura. Também surgiu em 1837 a instituição de ensino humanístico mais importante do país, o Colégio Pedro II, nascedouro de homens de cultura, que teriam influência marcante na sua vida política, administrativa e cultural.

Nesse meio já assim rico de organismos de produção e difusão cultural, e que atingiu na década de 1950 o seu ponto mais alto, desenvolvia-se intensa vida literária.

Na Praça da Constituição, hoje Tiradentes, que em 1862 se embelezou com a estátua de D. Pedro I, e vinha-se tornando havia muito um logradouro de variada vida noturna, com o Teatro João Caetano, numerosos cafés e clubes recreativos, localizava-se a tipografia de Francisco de Paula Brito, de cuja oficina saíram jornais, revistas e livros. Sobretudo, o que releva ressaltar é o papel de centro animador e coordenador dos jornalistas e políticos, escritores e artistas do tempo, que todas as tardes se encontravam na loja para conversar e debater os problemas do dia, os livros do momento, os êxitos teatrais. Aí se formou a Sociedade Petalógica, reunindo muitos dos frequentadores da casa.

Um fator de intensificação da vida intelectual do Rio de Janeiro, durante o Império, foi o teatro, cuja imensa voga é uma das características da época, tal como testemunham José de Alencar, Macedo e Machado de Assis. O Teatro São João, o Teatro Provisório, o São Pedro de Alcântara, o Ginásio Dramático, o Alcázar, o Eldorado, o Fênix Dramático, o Lírico, e outros, foram o palco de uma intensa vida teatral, representando desde a alta comédia e a ópera, até as revistas e as peças brejeiras, de companhias estrangeiras. Os autores nacionais também se fizeram encenar desde 1840, com Martins Pena, Alencar, França Júnior, Artur Azevedo, etc.

As redações de jornais e revistas e as mesas dos cafés espalhados especialmente na Rua do Ouvidor fizeram-se locais de reunião e discussão, em que o espírito carioca se plasmou realmente como líder da opinião nacional. Aí é que a consciência brasileira foi adquirindo o cunho nacional, perdendo o provincianismo da sua mentalidade, característica do tempo em que o povo vivia mergulhado no complexo colonial.

Os grandes jornais do tempo, como o *Jornal do Commercio*, o *Diário do Rio de Janeiro, A Reforma, O País,* a *Gazeta de Notícias,* a *Cidade do Rio, O Combate, O Globo,* o *Diário de Notícias, A Notícia* e outros, reuniram nas suas redações a fina flor da intelectualidade, articulistas políticos, cronistas, folhetinistas, contistas, romancistas, críticos de literatura, de teatro, de artes, de música.

Muitos desses criaram revistas do mais variado aspecto e feitio, humorísticas, literárias, políticas. Seria um nunca acabar mencioná-las. Na redação de uma delas, a *Revista Brasileira,* gerou-se a Academia Brasileira de Letras, que, fundada, em 1896, é, sem dúvida, o termo da evolução de todo o século no sentido dessa unificação e centralização intelectual da nação, com uma instituição de caráter e prestígio nacionais, que simboliza a sua unidade literária e linguística, e é como que o ápice da pirâmide, a que aspira naturalmente todo escritor brasileiro.

Ao lado das redações tiveram grande papel os cafés, alguns famosos como o Café de Londres, o Café do Rio, o Cascata ou o Hotel do Globo, pontos de encontro de intelectuais e políticos, que também se reuniam nas livrarias, sobretudo a Garnier ou a Laemmert, ambas na Rua do Ouvidor, a mais famosa e importante de todas as artérias da cidade, espécie de meridiano da consciência nacional, a ponto de um visitante estrangeiro afirmar que o Brasil era o Rio de Janeiro, e o Rio de Janeiro a Rua do Ouvidor.

Assim, nas redações dos jornais e revistas, nos cafés e livrarias do Rio de Janeiro, foi que se desenvolveu a vida intelectual do

Brasil no século XIX, paralelamente às tribunas do Parlamento.

As grandes campanhas políticas e sociais, os movimentos artísticos e literários, aí tomaram corpo e, se as províncias neles entravam com a sua parte, era no Rio de Janeiro que adquiriam foros nacionais. Muitas forças oriundas da periferia provinciana e regional só passando pelo Rio logravam o impulso que as tornavam nacionais. Era aqui como que o trampolim. Assim, as campanhas abolicionista e republicana; assim, os movimentos literários do romantismo, do naturalismo. E do simbolismo se pode asseverar que demorou a ser reconhecido no seu valor autêntico porque não teve a aceitação e a consagração imediatas do Rio de Janeiro, ao contrário foi encarado de soslaio pelos meios literários da capital, predominantemente parnasianos e realistas.

Destarte, após dois séculos, atingia o Rio de Janeiro em 1900 a situação inconteste de capital intelectual, artística, literária do Brasil, e seu centro cultural. Capital política, mais do que isso consolidara-se como capital cultural.

A passagem do século mostrou-a de posse de uma vida literária intensa, com boêmia intelectual, agremiações, periódicos, redações, cafés, livrarias, escândalos, duelos, polêmicas, conferências, modas, editores, tudo revelando um prestígio do escritor e da literatura, inclusive com a sua influência e muitas vezes participação, a chamado, na política. A miragem do Rio de Janeiro passou a exercer-se no espírito dos provincianos, a ponto de se criar uma onda intensa de emigração dos talentos literários que, iniciando-se no cultivo das letras, não se continham se não se mudavam a tentar a vida e a glória na capital federal, verdadeira bomba de sucção das vocações literárias provincianas.

Mas é precisamente isso que se compreende como o centro intelectual. O Rio de Janeiro lutou, fez por merecer para chegar a essa

101

situação. Formou-se aos poucos, sobre alicerces, crescendo como um organismo.

Uma literatura, para desenvolver-se nacionalmente precisa de um centro. O centro funciona, em literatura, como uma elite dominante numa sociedade, plasmando e fornecendo-lhe os altos padrões estéticos para expressar a experiência das realidades locais. Ele atua com prestígio sobre os novos valores, de modo a atraí-los para direções convenientes. O centro atua sobre a própria personalidade dos artistas, obrigando-os a um permanente esforço de aprimoramento para ficar à altura do tempo.

A ausência de um centro dominante deixa os indivíduos presos a preconceitos, à timidez, a pressões exteriores, a limitações impostas à sua personalidade, a uma falta de concorrência que os prende nas próprias deficiências, nas limitações inferiores do meio local, na sua falta de estimulantes.

Não fora a concentração das energias intelectuais numa capital cultural, dar-se-ia a dispersão dos talentos, que se sentiriam perdidos, sem direção, sem normas, sem compreensão, sem autoconsciência.

Sem um centro, o público, por sua vez, fica desarvorado, sem critérios de julgamento, sem padrões de aferição comuns, e a literatura se esmigalharia em mil, cada qual com a sua característica própria.

O centro é que comunica unidade à literatura nacional.

Foi esse o caso de Paris. Foi o mesmo caso do Rio de Janeiro. E são bem semelhantes.

A literatura é filha das cidades. Fenômeno social, é-lhe indispensável o ambiente culto, que lhe proporciona, ao mesmo tempo, o estímulo das agremiações, dos centros de estudo e ensino, das bibliotecas, das facilidades para o seu exercício livre, das instituições profissionais, dos organismos técnicos, das sociedades de proteção e mecenato, do poder político e econômico. É nas cidades ainda que ela encontra o instrumento linguístico unificado e comum, meio adequado de expressão em oposição aos dialetos impróprios à sua maior difusão. Nenhuma grande literatura nacional se exprimiu em dialetos, e as formas literárias dialetais gozaram de existência efêmera. Tampouco nenhuma grande contribuição literária se originou na vida rural, pois a própria produção folclórica é criação de "anônimos" que não dispensam o ambiente coletivo e as aglomerações das feiras e das festas populares.

É claro que os centros literários são constantemente enriquecidos e estimulados pela contribuição permanente das zonas periféricas. Grande como é a vitalidade das regiões locais, o seu papel permanece de suma relevância, no fornecer valores humanos e sociais, motivos e temas artísticos. De toda a parte advêm sempre novos elementos que imediatamente a capital literária absorve, transforma, transfigura, imprimindo-lhe feição nacional, e devolve para o resto da nação. É a imagem da bomba de sucção que se transforma em bomba de propulsão.

Como Paris, o Rio de Janeiro é o centro cultural e a capital literária do país, condição a que chegou, como sabemos, pela evolução natural e sem imposição.

A literatura floresce em todas as regiões da nação. Cultural e literariamente, o Brasil é um arquipélago, composto de ilhas regionais perfeitamente caracterizadas. A diversificação local ou as diversidades regionais não perturbam o conjunto, ao contrário, concorrem, cada qual a seu modo típico, para dar ao todo uma unidade, unidade essa feita de particularidades. A diversificação local não se opõe à universalização; empresta, ao invés, caráter ao conjunto, concorre mesmo para formá-lo.

103

Foi o que aconteceu até hoje à literatura brasileira. Ela veio crescendo à custa de uma série de "fronteiras" que se iam abrindo, verdadeiras "seções" locais que foram levando para a frente a literatura, no sentido da nacionalização. O seccionalismo foi um fator de unidade, ampliando, tanto na área política quanto na cultural, o horizonte nacional. O espírito nacional cresceu a partir do nativismo instintivo, passando pelo nacionalismo romântico e revolucionário, para transformar-se em consciência nacional brasileira. E tudo isso graças às contribuições locais, ao trabalho das várias "fronteiras" regionais: a baiana, a maranhense, a recifense, a cearense, a fluminense, a paulista, a gaúcha, a central, a amazônica, a carioca... O regionalismo brasileiro tem caráter bastante peculiar. Não é do tipo dos que se comprazem na exploração e na supervalorização da cor local, na exibição dos tipismos pitorescos, o que antes concorreria para isolar, restringindo-lhe o valor e significado.

Ao contrário, no Brasil, o regionalismo constitui uma contribuição das regiões do país ao todo nacional, valores locais ao *melting-pot* de que resulta o todo. O regionalismo não se opõe ao conjunto, ao nacional, ao invés, forma-o.

Pois bem, o laboratório em que se procede a essa operação é o Rio de Janeiro. Dotada de todas as condições para ser o centro unificador, condições geográficas, históricas, políticas, psicológicas, o Rio de Janeiro vem exercendo desde o século XVIII esse papel de órgão unificador das contribuições à formação desse conjunto homogêneo que é a literatura brasileira. Poderosa bomba de sucção, a cidade-metrópole aspira de todos os recantos do país as energias de vida, os valores diferenciados, as forças vivas, as características locais, misturando-os, amalgamando-os, fundindo-os no seu laboratório de química social e cultural, para extrair a essência que inspira e integra o conjunto. Retira essas energias regionais inclusive de si mesma, pois há um regionalismo do Rio de Janeiro, formado de diversas fronteiras que "seccionam" a cidade.

De modo que um Machado de Assis pôde universalizar-se, depois de nacionalizar o material novelesco e regional de que se nutriu na região que foi a sua cidade.

O regionalismo brasileiro tem isso de interessante: é tanto rural como urbano.

O Rio de Janeiro adquiriu, pois, uma missão, que é também uma função, que nenhuma outra cidade no Brasil pode exercer: a da unificação, da universalização, mercê da desprovincialização das contribuições regionais. Essa função a cidade tem desempenhado através de toda a sua história. Não fora a transferência para ela da capital em 1763, e talvez não houvéssemos logrado uma literatura "brasileira", de cunho nacional, como sonharam e trabalharam para criar os nossos avós, fundindo o magma regional. A cidade foi um admirável laboratório de unificação, extraindo das províncias a contribuição em valores de cada uma, amalgamando-os e devolvendo-os sob forma nacional. Só ao passar pelo crivo do Rio de Janeiro é que esses valores adquiriram significado nacional. Era a incorporação, a consagração nacionais – quer fossem costumes, produtos culinários, valores musicais, poéticos... Só aqui obtinham validade nacional.

Esse papel, como Paris, nenhuma outra cidade tem as condições necessárias para desempenhar no país.

Como Paris, é nas províncias que o Rio recolhe o suprimento de vitalidade e energias humanas. Desde o século XVIII que a cidade vem recebendo das províncias, de forma crescente, essas contribuições. Mas foi no século XIX que se tornou patente esse caráter de soma de províncias, argamassado nas ruas, nos cafés, nas redações, do Parlamento, nos salões, no ar da cidade. A *boutade* de que o carioca, isto é, o nascido no Rio, é o que menos se encontra na cidade, não deve ser interpretada senão como querendo dizer que cariocas somos todos nós, todos os brasileiros que para ela nos transferimos e aqui fazemos carreira, conquistados pela cidade estupenda que muito amamos.

Como os franceses das províncias em Paris, no Rio de Janeiro os brasileiros se desprovincializam e perdem, não as suas características originais, porém os traços de provincianismo. E se eles se mantêm sentimentalmente fiéis ao seu pequeno rincão de origem, que continuam a amar com todo o coração, nenhum deles quer retornar, depois que adquiriu o direito à cidadania carioca.

Esse amálgama de todas as províncias é que formou o espírito carioca, feito de todos mas de cada um diferente, uma psicologia alegre, oposta ao enfezamento, reagindo sempre pela pilhéria, pela piada, pela anedota, espírito *frondeur*. O carioca não briga, vinga-se pelo sarcasmo e pela sátira.

O espírito carioca é, assim, também o resultado da centralização e do amálgama.

Mas, adquirida a situação de centro literário, o Rio passou a exercer, de torna-viagem, a influência unificadora sobre a literatura. Mesmo quando os talentos se formam alhures, é no Rio que perdem as arestas e os exageros localistas, adquirindo o caráter geral, de modo a tornarem-se reconhecíveis e aceitos em toda parte.

Nunca é demais, portanto, ressaltar o papel unificador e nacionalizante do Rio de Janeiro na literatura brasileira.

Não basta afirmar que a cidade foi o berço de numerosas grandes figuras de escritores, acima de todos Machado de Assis.

A cidade e sua vida como assunto literário não se restringiram aos nela nascidos. Os que vieram de fora também souberam distinguir o seu sortilégio, e cantaram em prosa e verso a beleza, a graça, as peculiaridades de sua existência sem mistérios, os encantos de sua vida social, de seus subúrbios, como também as suas mazelas e tristezas.

Assim, não é apenas como assunto que o Rio de Janeiro entra na literatura brasileira. É como poder unificador, carreando para a formação de uma literatura una, nacional, brasileira, todas as forças oriundas da periferia regional.

E é essa a razão do prestígio que desfruta a cidade entre os brasileiros. Ela não pertence apenas aos que nela residem. Não é de nenhum e é de todos os brasileiros.

Por isso, podemos repetir as palavras do seu filho Machado de Assis:

> E tu, cidade minha airosa e grata,
> Que ufana miras o faceiro gesto
> Nessas águas tranquilas, namorada
> De remotos, magníficos destinos...

Como os franceses, cabe a nós, brasileiros, repetir o elogio do provinciano Montaigne à sua Paris, e que se acha em frente ao Colégio de França: "Je ne suis françois que par cette grande cité".

Nós nos tornamos mais brasileiros nesta grande cidade, sentindo-a, compreendendo-a, amando-a, conquistados por ela depois de a conquistarmos.

1965

Quatro séculos de cultura:
Rio de Janeiro. Universidade do Brasil, 1966.

Afrânio Coutinho

Biografia

Nascido em Salvador, Bahia (1911), fez em sua terra os cursos primário e secundário e depois o superior (Medicina), diplomando-se em 1931. Logo desviou-se da carreira médica, encaminhando-se para o ensino de história, filosofia, literatura. Em 1933, começa uma atividade jornalística intensa em *A Tarde*, *O Imparcial* e *O Estado da Bahia*. Seus artigos e ensaios também apareceram logo nos jornais do Rio de Janeiro e outros locais. De 1942 a 1947, foi redator-secretário de *Seleções do Reader's Digest* em Nova York. Durante esse tempo, fez numerosos cursos na Universidade de Colúmbia e outras instituições. A crítica e a história literárias passaram então a ser a sua atividade exclusiva. De regresso ao Brasil, fixou-se no Rio de Janeiro, tendo sido nomeado para o Colégio Pedro II, do qual foi catedrático por concurso em 1952. Exerceu então ininterrupta colaboração na imprensa, especialmente no Suplemento Literário do *Diário de Notícias*, numa seção dominical intitulada "Correntes Cruzadas", que durou mais de doze anos. Em 1965, entrou por concurso como catedrático para a Faculdade de Filosofia da antiga Universidade do Brasil, para a qual havia, em 1958, prestado concurso de livre-docente. Em 1967, foi incumbido pela Reitoria de implantar a Faculdade de Letras, resultante, pela Reforma Universitária, do desdobramento da Faculdade de Filosofia. Exerce desde então o cargo de diretor daquela nova universidade, cuja organização pedagógica e instalação se deve a sua incansável dedicação e atividade. Foi professor-visitante das universidades de Colúmbia e Colônia. Tem viajado largamente pela Europa e América do Norte e do Sul. De sua obra numerosa de crítica e história literária destaca-se *A literatura no Brasil*, cuja segunda edição foi publicada em seis volumes, e na qual faz uma completa revisão da história da literatura brasileira à luz de novos critérios críticos de natureza estética. Tem publicado, além de livros originais, edições de escritores brasileiros, como Araripe Júnior, Euclides da Cunha, Machado de Assis, José de Alencar e a sair a obra completa de Raul Pompéia. É membro da Academia Brasileira de Letras.

Obras

Publicadas

Daniel Rops e a ânsia do sentido novo da existência. Bahia: [s.e.], 1935.

O humanismo, ideal de vida. Bahia: [s.e.], 1938.

L'exemple du métissage. In: *L'homme de couleur.* Paris: Plon. 1939 [Coll. Présences].

A filosofia de Machado de Assis. Rio de Janeiro: Vecchi, 1940. *A filosofia de Machado de Assis e outros ensaios.* 2. ed. Rio de Janeiro: São José, 1959].

Aspectos da literatura barroca. Rio de Janeiro: A Noite, 1951.

O ensino da literatura. Rio de Janeiro: MES, 1952.

Por uma crítica estética. Rio de Janeiro: MES, 1953.

Correntes cruzadas. Rio de Janeiro: A Noite, 1953.

Da crítica e da nova crítica. Rio de Janeiro: Civilização Brasileira, 1957, 1975.

Euclides, Capistrano e Araripe. Rio de Janeiro: MES, 1959 Rio de Janeiro: Livro de Ouro, 1968.

Introdução à literatura no Brasil. Rio de Janeiro: São José, 1959 Rio de Janeiro: São José, 1968; 8. ed.: Rio de Janeiro: Civilização Brasileira, 1976].

A crítica. [Bahia]: Progresso, 1959.

Machado de Assis na literatura brasileira. Rio de Janeiro: São José, 1960.

Conceito de literatura brasileira. Rio de Janeiro, Livraria Acadêmica, 1960.

Tradição e futuro do Colégio Pedro II – Aula magna de 1961. Rio de Janeiro: [s.e.], [s.d.].

Recepção de Afrânio Coutinho na Academia Brasileira de Letras. Rio de Janeiro, [s.e.] 1962.

No hospital das letras. Rio de Janeiro: Tempo Brasileiro, 1963.

A polêmica Alencar-Nabuco. Rio de Janeiro: Tempo Brasileiro, 1965.

Antologia brasileira de literatura. 3. vols. Rio de Janeiro: Livros Escolares, 1965-1967.

Crítica e poética. Rio de Janeiro: Acadêmica, 1968.

A tradição afortunada. Rio de Janeiro: José Olympio, 1968.

Aula magna. Rio de Janeiro: UFRJ, 1968.

An introduction to literature in Brasil. New York: Columbia University Press, 1969.

Crítica & críticos. Rio de Janeiro: Simões, 1969.

A vida intelectual no Rio de Janeiro. In: *O Rio de Janeiro no tempo da independência*. Rio de Janeiro: Americana, 1972.

Caminhos do pensamento crítico. 2. ed. 2 vols. Rio de Janeiro: Americana, 1974 Rio de Janeiro: Americana, 1976].

Notas de teoria literária. Rio de Janeiro: Civilização Brasileira, 1976.

Dirigidas ou editadas

A literatura no Brasil. 4 vols. Rio de Janeiro: Sul-Americano, 1955-1959 2. ed.: Rio de Janeiro: Sul-Americano, 6 vols., 1968-1971 – Direção e elaboração de Afrânio Coutinho com a colaboração de cinquenta escritores.

Obra crítica, Araripe Júnior. 5 vols. Rio de Janeiro: Casa de Rui Barbosa, 1958, 1960, 1962, 1966, 1971.

Obra completa, Jorge de Lima. Rio de Janeiro: José Aguilar, 1959.

Obra completa, Machado de Assis. 3 vols. Rio de Janeiro: José Aguilar, 1959.

Brasil e brasileiros de hoje. In: *Enciclopédia de biografias*. 2 vols. Rio de Janeiro: Foto Service, 1961.

Romances completos, Afrânio Peixoto. Rio de Janeiro: José Aguilar, 1962.

Obra completa, Carlos Drummond de Andrade. Rio de Janeiro: José Aguilar, 1964 [2. ed.: Rio de Janeiro: José Aguilar, 1967].

Estudos literários, de Alceu Amoroso Lima. Rio de Janeiro: José Aguilar, 1966.

Obra completa, de Euclides da Cunha. 2 vols. Rio de Janeiro: José Aguilar, 1966.

Obra poética, Vinicius de Moraes. Rio de Janeiro: José Aguilar, 1968.

Augusto dos Anjos: textos críticos. Brasília: INL/MEC, 1973 [Coleção de Literatura Brasileira – Organização de Afrânio Coutinho].

O ateneu, Raul Pompeia. Brasília: INL [s.d.].

No hospício, Rocha Pombo com Sônia Brayner. Brasília: INL [s.d.].

Mocidade morta, Gonzaga Duque com Sônia Brayner. Brasília: INL [s.d.].

Maria Duzá, Lindolfo Rocha. Brasília: INL [s.d.].

Os brilhantes, Rodolfo Teófilo com Sônia Brayner. Brasília: INL [s.d.].

Os retirantes, José do Patrocínio. Brasília: INL [s.d.].